「全員活躍チーム」リーダーの心得

～リーダーが“在り方”を変えれば、チームは生まれ変わる～

株式会社人活工房　代表
小笠原 健
Ken Ogasawara

SOGO HOREI PUBLISHING CO., LTD

はじめに

本書は、リーダーシップのテクニックなどを述べた、いわゆるノウハウ本ではありません。管理職やリーダーに必要な〝在《あ》り方《かた》〟という、リーダーにとっては終わりなき探求テーマを扱っています。そうした意味で本書は「探求本」と言えるものです。

思えば私のリーダーシップ探求の旅の始まりは、今から30年以上も前の大学生時代に遡ります。当時私は部活の主将（キャプテン）を拝命し、学生の部活とはいえ60人ものメンバーを束ねる責任重大な役目を担いました。リーダーシップなど何もわからない私は、四苦八苦しながら悩み多き1年を過ごすことになりました。その後、大学を卒業して会社員を経て27歳で独立。部下ができると、今度はリーダーシップやマネジメントについて悩み、書籍を頼りに勉強しつつ、我流で何とか対処しながら10年が経過しました。40歳のときに人生の転期が訪れ、その後本格的に人材開発・育成について学ぶ機会を得て、実践経験を積んで13年の年月が過ぎました。

現在は「リーダーシップ」と「全員活躍チーム作り」に関わるテーマを専門に仕事をしています。

また、本書を執筆している段階（２０１８年12月）では、自社の代表以外に別法人の理事やいくつかの私的な勉強会の世話役もボランティアで務めさせていただいています。報酬の有無に関わらず、組織で物事を進める際にリーダーシップの重要性を身に染みて感じ、深く考えさせられ、実践探求する立場に身を置いています。

実際、多くの企業や組織では、「どうしたらメンバーたちの主体性や自発性、モチベーションを引き出すことができるのか？」「どうしたらチームとしてまとまることができるのか？」とリーダーシップやチームに関する悩みを抱えておられることが多く、答えを見出せないまま何年も時が経過している様を見かけます。

職場におけるリーダーシップの発揮、さらにはそれが必須となる「チームを機能させる」というテーマは、対象が人やその心・関係性となるため、大変見えにくく複雑で、また奥が深く、全人的な関わり・人間力が求められます。

単に知識や理論だけでは現場に変革を生み出すことはできません。人の感情にも目を向け、リーダー自らが実践し、探求し続けることでチームも成長していきます。知識やテクニックだけでなく、それらを支えるマインド（心）や考え方、つまりリーダーの〝在り方〟が問われるのです。

企業支援に携わる中で、私は主として「外部リーダー」的な存在・役割として、実践者の立場でクライアント企業のチームの支援に入ります。また、時に管理職のリーダーシップ開発の研修などでは講師として受講者の前に立ちます。「リーダーは実際のケースでは、どう対処すれば良いのか？」「その際の振る舞いは、どのような考え、どのようなマインドからくるのか？」といった深いところまで踏み込んだ話が必要となってきます。

ですから、お客様からは「先生」と呼ばれることが多い中で、私は自分をむしろリーダーやメンバー、受講者のみなさんとともに考え「探求する」パートナーであると考えています。そして、その探求には〝誠実さ〟や〝謙虚さ〟そして〝協働〟〝長い年月〟が必要であり、「リーダーシップの探究にゴールはない」と再確認し続ける今日この頃です。

本書は、私がこれまで得てきた海外の人材育成・組織開発の知見に加え、先人リーダーや師からの学び、そして、実践を通して得た知見や体験・持論を踏まえて、リーダーの〝在り方〟を高め、それを磨いていくことの重要性や大切なポイントなどをまとめたものになります。

本書はビジネス書ではありますが、とくに最後の章を中心にところどころ歴史上の偉人・リーダーの話を扱っています。

これは、歴史に名を残した数々の日本のリーダーの中でも、とくに「公・無私」の精神で人を活かし、強い組織を作った人物たちからの学びが、仕事でも大変役に立つことが多かったからです。人の多様性を尊重し、互いに一致協力し、社会貢献することがますます問われるこれからの時代において、これらの実例は大変勇気をもらえ、また探求するにふさわしいものと感じたからです。

この先人・偉人からの学びを自分のものとする探求の場「志雲会」を創設し、導いてくださった、学生時代から続く私の30年来の恩師・有馬正能《まさよし》先生には、80歳を超えられても今なおその背中でリーダーの〝在り方〟を示し、ご教授いただいており、感謝の念に堪えません。

今後ますます仕事と人生の切り分けを超えて統合されていくであろう「豊かな人生」のために、多くの人が古今東西を問わず人類の叡智《えいち》から学ばれんことを強く願います。

そして、真のリーダーを目指す方々に重ねてお伝えしたいのは、「リーダーの〝在り方〟の探求と研鑽《けんさん》には時間がかかる」ということです。ですから、もし本書を読んで何かしらの学びや気づきがありましたら、できるだけ早く実践していただきたいと思っています。できれば今日すぐにでも「何から取り組むことができるか」を考え、実践・探究・継続していただくことが本望です。

本書が、多くの企業や組織の最前線で悩み、試行錯誤している管理職や幹部・リーダー層の方々にとって、これからの未来を照らす一条の光となることを願っています。

2018年12月吉日　小笠原　健

〈本書をお読みいただく際のご注意〉

文中の「管理職」「リーダー」「上司」、また「部下」「メンバー」はそれぞれほぼ同義語として用いています。

Contents

第1章　〈自分軸〉まず自分自身を見つめる

第2章 〈他者軸〉メンバーとの関わり方を見直す

第3章 〈チーム軸〉チームリーダーとしての〝在り方〟を考える

第4章　〈組織軸〉会社全体における自分の役割を考える

第5章 〈歴史軸〉偉大なる先達の生き様を学ぶ

編集協力　廣瀬智一
ブックデザイン　中西啓一（panix）
本文ＤＴＰ＆図表制作　横内俊彦
校正　矢島規男

序章

全員活躍チームにおける リーダーの〝在り方〟

チームが成果を上げ続けられるかどうかはリーダーの〝在り方〟次第

私の仕事の中心はチーム開発です。簡潔に言うと、職場のチームに入り、ベクトルを合わせ、協力・連携体制を促進しながら、より効果的、かつ効率的に成長と成果を手に入れ、人が活きるチームになるよう支援を行うことです。

目指すは「全員活躍チーム」。一人ひとりが個性を輝かせ、希望と成長を感じ、お互いに感謝・信頼・尊敬で結ばれ、成果を作り続けるチームを作ることです。

支援する対象は、経営幹部、管理職、課や店舗、開発や風土改革のプロジェクトなど、基本的に10名前後のメンバーで構成される実務単位のチームです。

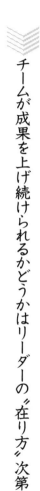

実際には、私が外部支援者として、月に一度、丸一日チーム会議をリードし、実務を扱っていきます。

外部支援者の立場ではありますが、私自身がリーダーの見本としてチームの前に立つこと、また最低半年間にわたって実務を通してチーム変容の支援を行っていく点において、数時間・数日の固定プログラムを実施する一般的な研修とは決定的に異なります。

当然ながら、どのような成長・成果を望むのかはチームによって違います。ですから、チームの目標はチームメンバー全員で決めていただきます。その上で、どのようにチームのベクトルを合わせ、共通の目標・目的に向かって協力し合い、何を実行していけばいいのか、また実行した結果がどうなったのか、何を修正していけば良いのかをチームメンバーのみなさんとともに探求していきます。

そして、半年後には私の支援がなくても自律・自走のチームに変貌を遂げ、チームが自分たちで走り出すことができるようになることが一つの目標です。

私が本書でお伝えしたいのは、「リーダーの在り方」こそがチームの一致団結や部下のモチベーション、成長・成果の持続にもっとも影響を与えるということです。

もし、リーダーのあなたが職場チームの一致団結や部下の育成などで頭を悩ませているならば、真っ先にリーダーとしての〝在り方〟を見直すことです。

管理職やチームリーダーとして、部下の育成のためのアドバイス、コーチング、カウンセリングなどのコミュニケーション技術の習得も大切です。しかし、仮にそれらを身につけたとしても、あるいはチーム力を高める会議運営に必要なファシリテーションやプレゼンテーションなどの知識・テクニックを持っていたとしても、最終的にそれらが望む効果を生み続けるかどうかは、ひとえにチームリーダーであるあなたの〝在り方〟次第だといっても過言ではありません。

逆に、リーダーに必要なコミュニケーションの知識や技術がそれほどなくても、あなたのリーダーとしての〝在り方〟が高く磨かれているならば、部下が育ち、チームが機能し、成果を上げることも可能でしょう。そして、そうしたリーダーがいる職場では実際にコミュニケーションもスムーズで職場は活気にあふれていたりします。

リーダーの〝在り方〟とは一体何なのか？

チームを一致団結させて成果を作りながら、部下を成長させることができるリーダーと、そうではないリーダーの違いとは何でしょうか？

前者のリーダーの特徴としては、自らのモチベーションが高いこと、部下や周囲のやる気を引き出せること、チームメンバーとともに個人を超えたより大きな枠組みにおける貢献に意味を見出し、利己的でなく思いやりや助け合いの心を持ってチームを機能させられること、などが挙げられます。

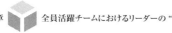

一方、後者のリーダーは、そもそも自らのモチベーションが低かったり、仮にモチベーションが高いとしても、それは「自分のため」という自利や利己の気持ちが「他者のため」という貢献の気持ちを上回っていたり、また「自分が正しい」ということに過度にこだわり、部下に対しては批判的でダメ出しの多い、他者を否定するタイプです。極端な場合、部下をほめることもせず、しまいには「ほめるところがない」と開き直るような人もいます。これでは部下と信頼関係を構築するのは難しく、モチベーションは下がり、会議ではほとんど意見が出ない、もしくは「発言するのはいつも同じ人」という、よくあるパターンが生まれたりします。チームというより、上司と部下との1対1の関係が複数あるだけで、有機的な横のつながりが知恵やアイデアを生んだり、チーム力を高めたりすることはありません。

また、さまざまなコミュニケーションの技術や理論を駆使しても、リーダーの行動の奥にある目的や意図が自分の成功を優先しているところにあるならば、そのことは暗に部下に見抜かれて、やる気を削いでいるケースもあります。

こうなると、部下やチームは〝笛吹けど踊らず〟で、「あんな風に綺麗ごとを言っていても、心の中は『自分のため』だしな」などと冷めた目で見られたりします。

つまり、いくら手法論を追いかけたところで、一時的に成果が上がることがあっても継続しません。「リーダーの在り方」が大きく影響する、ということです。

では、〝在り方〟とは一体何なのでしょうか？

〝在り方〟は、辞書で「物事の在るべき姿」などと解説されていますが、本書では今ここにあるあなたの状態——何を感じ、何を考えているのか、何をしているのか、何を意図しているのか——そうした行動を含めた、とくにその奥にある考え方や感情、心の状態、マインド、有り様を〝在り方〟と定義します。

「全員活躍チーム」には、リーダーに必要な〝在り方〟の前提がある

世界規模で「パラダイムシフト」（ものの見方、枠組みの転換）が進行している現在、ス

ピードや顧客が求める品質・サービスの多様化への対応、さらには変化への適応が求められる中で、多くの働く人は「成果を出し続けなければならない」という厳しい現実に直面しています。

以前はトップダウン経営が主流であり、一握りのリーダーが判断して指示を出し、部下はその指示に従い、上手くものごとが進んでいくという時代もありました。しかし、そのような的確に指示を出し成果を作り続けていることができるリーダーがいつも自社や自部門・自チームにいるという保証はありません。むしろ稀なことでしょう。

さらに、現在のビジネスの最前線では、個人戦からチーム戦への転換が図られています。一人のリーダーに頼るのではなく、メンバーも当事者意識や全体観を持ち、必要なときにリーダーシップを発揮する「全員リーダーシップ」（もちろん通常はチームに「リーダー」という役割はあります）という視点が必要となってきています。全員で考えるからリーダーの考えや知恵・視点の範囲を超えたアイデアが生まれる。まさに松下幸之助（パナソニック創業者）が言った「衆知を集める・衆知経営」ということになります。「今までのやり方では、これ以上の成長は実現できない」と気づいた企業のトップたちは、チーム力の向上に向けて組織の変革・成長に舵を切り始めています。

急速な人口減少による少子高齢化、企業や様々な組織でも人材不足が進行している現在の日本の社会、各業界においては、今後はますます少人数で高いパフォーマンスを発揮し、成果を作り出すことができる職場やチームが求められていくでしょう。

私はそうした「全員リーダーシップ」を元にした「全員活躍チーム」の開発支援とその拡大普及を自らのビジネスミッションとしています。

もちろん、従業員一人ひとりには個性があり、得手不得手や能力の差があります。そうした違いを受け入れ、認め、活かし合いながら力を合わせることで、個人同士の足し算以上の力を生み出すこと、そして仕事を通して互いに連携し、学び合いながら成長していくことで「全員活躍チーム」が作られていきます。

さて、「全員活躍チーム」のリーダーの〝在り方〟には、大きく以下の3つの前提が求められると私は考えています。

①自燃《じねん》性であること

②他者に対して誠実さや思いやりがあり、信頼関係を築けること

③無私・利他の精神を大切にし、より大きな枠組みへの貢献に向かってチームメンバーを

導けること

チームの成長に大きな影響を与えるリーダーの3つの前提

前述したチームリーダーとしての〝在り方〟の3つの前提について詳しく見ていきましょう。

①自燃性の必要性

私は様々な会社の管理職・リーダーの方々と年間延べ数百回の面談を行っています。そこでは部下や上司の前では言えないリーダーの本音を打ち明けられたりします。

「メンバーが減り、業務が増え、部下育成どころではない」

「そもそも、部下のモチベーションを高める以前に自分自身のモチベーションが低い。どうしたら自分のモチベーションを上げることができるのか……」

このように、管理職やリーダー自身のモチベーションが低かったり、部下やチームを率いるリーダーのエネルギーや熱量が足りないというのは、多くのリーダーたちが抱える問題です。

そうしたリーダーが部下の心に火をつけることができるかといえば、答えはまさに「火を見るより明らか」でしょう。自らのことで手一杯と感じているリーダーが部下やメンバーへの関わりを深めて成長支援をしていくという心の余裕を持てないのが現実です。だから全員活躍チームのリーダーには、まず自らの心に火をつける「自燃性」が必要なのです。

②誠実さと思いやりと信頼関係が人を動かす

「メラビアンの法則」というものがあります。これは、矛盾したメッセージが発せられたときに、人はどのように受けとめたかという実験のお話ですが、言語情報の割合が7％で、口調や話の速さなど聴覚からの情報が38％、見た目など視覚からの情報が55％の割合であるというものです。つまり、非言語（ノンバーバル）によって相手に伝わる情報が90％以上を占めているというのです。ある特定の条件で導き出された実験結果と理論なので、すべてに当てはめて一般化するのは問題があると指摘されていますが、非言語の情報の重要性は共感できるものがあります。

あなたの発言や行動・雰囲気から部下やチームメンバーたちは多くの情報を読み取っています。朝のあいさつでも、あなたの「おはよう」の一言から機嫌の良し悪し、あるいは元気があるかないかを感じますし、あなたの行動から「やる気がみなぎっている」「モチベーションが低い」など様々に判断をしています。

また、積極的で協力的な振る舞いに見えても、その奥に何か企んでいるとか、「君のため」と言いながら、じつは自分の利益のための言動であるということも部下やチームメンバーは感じ取っているものです。

このことは、会社の理念、「ミッション」「ビジョン」「バリュー」を浸透させるときにも問題として浮かび上がることが多いです。後ほど詳しくお話ししますが、近年、会社やチームで「ミッション」「ビジョン」「バリュー」を掲げるところが増えてきました。

一般的には次のような意味で捉えられています。

【ミッション】（使命・存在理由）……「何のために自分たちは存在しているのか？」「何のために仕事をするのか？」

【ビジョン】（理想像）……「自分たちが望む未来の状態はどのようなものか？」
【バリュー】（価値規範・行動基準）……「どのようなことを大切にして行動するか？」

仮にリーダーが「『ミッション』『ビジョン』『バリュー』を大切にしていこう！」と掛け声をかけたとしても、じつは当のリーダー自身がこれらを理解していなかったり、腑に落ちていないことが多く見受けられます。

あるいは、こうした理念など無視して、ただ利益優先、数字目標の達成をひたすら追いかけていたり、納期や業務に追われて青色吐息《あおいろといき》という場合もあるでしょう。

そんなリーダーの言行不一致や軸のブレは、部下やチームメンバーたちの信頼を損ねます。リーダーの言葉や態度が組織の大切な価値や方向性、ベクトルに添っていないとするならば、部下たちはその矛盾に気づき、落胆し本気さを失っていきます。

リーダーの言葉に魂が入っていなければ、それを聞いている部下たちの心は動きません。もっともらしい、綺麗な言葉ばかり並べていても、また理屈ばかり述べても、人には感情があり、聞いているほうにとっては空念仏《からねんぶつ》のようなもので、心は冷めてしまいます。

結果として、掛け声はあれど、部下の心に火がついていない職場やチームを私は今まで何度も見てきました。

また、管理職やリーダーからは、部下やチームメンバーとの信頼関係を築けておらず、「何を考えているかわからない」「本音を言ってくれていない」「コミュニケーションをとるのが難しい」といった悩みもよく聞きます。

これまで、騙し騙しのポジショントークや職制の地位・権限でなんとか部下をコントロールしてきたが、いつまでたっても部下の自発性や当事者意識が高まらず、燃えさせることができない。そんなことも影響して、業務改善や成長が遅れ、常に何かしら問題が出てきては、その対応に追われて部下の育成など考える余裕もない。また、たとえ思いはあっても、「部下たちのまとめ方がわからない」と言う人もいます。

また、社会の価値観が多様化し、昔のように仕事に対して無茶な要求をすることもできず、無理に強制すればパワーハラスメントになりかねない……。まったく身動きが取りにくい時代だと感じている人もいるでしょう。

しかし、時代や社会の趨勢《すうせい》は変わっても、人と人の関係においてその基本となるものは変わりません。リーダーであるあなたの言動を含めた〝在り方〟に誠実さや思いやり、信頼感がなければ、部下たちはけっして本心からなかなか動いてはくれないものです。

③より大きな枠組みへの貢献、利他、無私の心が人を成長に導く

前述したように、「一致団結していない」「ベクトルが合っていない」「どうやって進んでいけばいいのかわからない」という状態のチームは多いものです。こうしたチームの場合、管理職やリーダーとメンバー個人の役割上のペアが複数あるだけで、チームメンバー同士の横のつながり、連携、学び合いという相乗効果を作れていないという特徴があります。

自分の担当の責任範囲をこなしさえすればいい、予定通り業務遂行ができていないメンバーがいても「それはその人の責任だから」というような意識・マインドでは、「全員活躍チーム」として機能しません。

部署を横断するプロジェクトチームの中でも、「あちらの部署の担当の仕事が遅れているからこちらが動けない」「他のチームが足を引っ張っているのが悪い、自分たちに責任はない」などと言っていては、結局プロジェクトそのものの遅延や中止ということになります。

また、チームには役割分担に隙間ができることもあります。当初決めた役割が、進捗状況や外部環境の変化などで、役割間に隙間ができることはよくあることです。そうした場

合、個々人が自分の範囲を超えて隙間をカバーする意識を持つことができるようになれるかどうかは、全員活躍チームとしての成功への分岐点ともなる重要なポイントだとも言えます。

メンバーが力を合わせてチームを前進させていくには、各人が自分の役割を超えた範囲まで意識をすることができるかどうかが鍵になりますが、当然ここでも重要なのはリーダーの〝在り方〟です。

自分のチームだけでなく、他のチームへ、さらには部署から会社全体へ、より大きな枠組みへの貢献という視点・意識・モチベーションを持っている。利他・無私の精神でまず自らが率先して行動し、メンバーたちのマインドに働きかけることができる。そんなリーダーの下では、メンバーは感化され、自らも自分の範囲を超えて役割を担う意識が生まれます。そうして、メンバーがリーダーシップを発揮し、「全員活躍チーム」へ移行していくことが可能となります。

リーダーの在り方を「5つの軸」から学ぶ

本書は、リーダーの〝在り方〟について、①自分軸、②他者軸、③チーム軸、④組織軸、⑤歴史軸という5つの観点で学び探究できるように構成しています。

①自分軸（第1章）

まずは自分自身、自らの〝在り方〟を考えます。

自らの心に火をつける「自燃性」を持ち、高いモチベーションを維持していくにはどうすれば良いのか、自分自身を見つめ、己を知ることから始めます。

リーダーシップを発揮するには、リーダーの在り方を学び、実践していくことが必要です。知識だけでは成果は作れませんし、実践だけでも行き詰まってしまいます。知識も行動に移し、試してみてはじめて血肉になり、そこから「経験→振り返り→概念化→試行」といった経験学習サイクルを回していくことで磨かれていくのです。

中国の明《みん》の時代、儒学者である王陽明《おうようめい》が起こした陽明学では「知行合一《ちこうごういつ》」が大切な命題のひとつと言われています。幕末の日本の危機に際して、変革を主導したリーダーたちは、この「知行合一」を大切にしていました。「知は行《こう》の始めなり。行は知の成《な》るなり」と王陽明は説いています。自らの成長を求める道では、素直さと探求心を併わせ持ち、自ら学び実践していく「知行合一」が大切なのです。

本書では、欧米の心理学や研究を基にした知見や考え方のみならず、日本の歴史上の偉大な人物の生き方や言葉、さらに儒教などの中国由来の思想など、様々な古今東西の叡智《えいち》をリーダーの〝在り方〟の参考としてお伝えしていきます。

②他者軸（第2章）

そもそもリーダーシップとは、他者がいて、自分との間において発生する機能です。つまり、リーダーには他者（部下や同僚、上司など）との関わり、他者の範囲まで意識を拡げることが求められます。では、他者との関係でもっとも大切なことは何かといえば、言わずもがな、信頼関係であり、「誠実さ」です。

トップダウンだけで上手くいっていた時代は、もはや過去のものになりつつあります。近年では、価値観の多様化による人材の流動化や人材不足などにより、「採用できない」「従業員が定着しない」「人材が育たない」という〝3ない〟の悩みを抱えている企業が増えています。

こうした時代だからこそ、人材育成においては力でねじ伏せるのではなくて、心から部下の成長や成功を願う真心が大切だと思うのです。そうしたお話をすると、「それは、綺麗ごとでしょう」と言う人もいますが、実際、「人が育つ」職場に共通していることは、上司の小手先のテクニックではなく、愛情や真心のある人がいる環境であることを少なからず見てきました。

力で部下を従わせるのか。心から「この人と一緒に仕事をしたい」と思われるリーダーを目指すのか。あるいは、どちらつかずの中途半端なままで、この先もごまかしごまかし進めていくのか。

いずれにしても、あなたの〝在り方〟が部下に伝わっています。あなたの言葉が響くかどうかは、部下への思い、会社や顧客への思い、言葉と内面、そして行動との一致、つまり「誠実さ」が重要となります。

③チーム軸（第３章）

チームにも上司・部下だけでなく、メンバー間の「信頼関係」「誠実さ」は大切です。そして、ベクトルを合わせるにはチームで定める「ミッション」「ビジョン」「バリュー」とチームメンバーが一致しているか、リーダーのみならずメンバーも言行一致しているかも関係してきます。「全員活躍チーム」を作り出すためのリーダーの視点について考えていきます。

④組織軸（第４章）

会社を船に例えるなら、仮に自分のチームだけが上手くいったとしても、会社全体が上手くいかなければ、運命共同体である船は沈んでしまうかもしれません。

「全員活躍チーム」をさらに成長させ拡大していくために、リーダーであるあなたには自分を超えたより大きな目的、価値、貢献とつながり、前進していくことが必要となります。

⑤歴史軸（第５章）

組織内に「全員活躍チーム」を拡大していくことは、自チームだけでなく、関係部署や

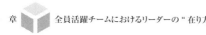

部全体・組織全体を巻き込むが故に、かなり大きなエネルギー・高いレベルの視座・在り方が必要となります。当然変化を嫌う抵抗勢力も存在します。そんな荒波の中を進んでいくには、さらなる高いレベルの〝在り方〟の探究が必要です。そのためには、より大きな枠組み、たとえば歴史的な偉業を成し遂げ活躍した人物からヒントやエネルギーをもらうことも大切です。

「共に求めて足らざれば天下に求む。天下に求めて足らざれば古人に求めよ」

備中松山藩の財政をわずか8年で立て直した江戸幕末の逸材と言われた山田方谷《ほうこく》の言葉です。

リーダーの在り方が高まっていくと、チームにどのような変化が起きるのか？

先に私の仕事の中心は、半年間以上、月に一度クライアント企業のチームとともに、私がリーダー役となって丸一日チーム会議のリードをしながら、「全員活躍チーム」に必要な意識づけやマインドの変化を促していくことであるとお伝えしました。

その際、プレゼンテーションやチームビルディング、ファシリテーション、チームコーチングなどの技術も用いますが、今まで何年（場合によっては何十年）も変えることができなかった職場の体質や企業風土、たとえば「積極的に行動できない」「言われないとやらない自発性の弱さ」「当事者意識の欠如」といった問題に必ず変化が始まります。

もちろん、そのスピードや変化レベルはチームによって様々ですが、概ね次のような3段階の変化があります。

【第1段階】

ベクトルが合い、チームがまとまり始める。全員が意見を言うようになる。メンバー間の連携が深まる。主体性が高まり、ボトムアップ型のチームに変化していく。

【第2段階】

業務改善、時短などの働き方の改革、売上アップ、風土改革など、望む形で成果が表れ始める。

【第3段階】

メンバーに全体視点が芽生え、他部署や他のメンバーをサポートしたりヘルプをするようになる。またリーダーシップが磨かれていく。

さらに前記のような変化が起きるときには、チーム内で次のような〝在り方〟の変化が見られます。

①リーダーが自分のエゴを捨て始める

リーダーには有能感が高い人が多く、それがマイナスに働く場合は他者への批判偏重の態度が多く表れたり、相手に対して見下すような態度をとることがあります。しかし、リーダーの中に謙虚さや人への感謝や尊重の心などが醸成されてくると、部下やチームメンバーの意見・思いに真摯《しんし》に耳を傾け、彼らの発言やアイデアを自分のものと同等以上に扱い始めます。

②チーム内の変化が次々と化学反応を起こし始める

次に、リーダーのそうした思いや行動の変化はチーム内に心理的安心・安全な場所を作ることになり、お互いの相互理解と活発な意見交換が生まれてきます。その結果、業績が上がったり、業務の効率化が進むなど、徐々にではありますが、今まではなかなか実現できなかったような様々な成果が生み出されていきます。

③メンバーのうちの何人かにブレイクスルーの兆しが起き始める

多くの場合、自分へのネガティブな固定観念が壁となり、挑戦する気持ちにブレーキをかけてしまうものですが、リーダーがメンバーや部下の意見に真摯に耳を傾け、本人の小さな挑戦を後押ししたり、承認が加わることで、部下の自己肯定感が上がり、ネガティブマインドが薄れていきます。すると、思い切って自分の枠を拡げ挑戦し、新しいマインド、行動パターンに踏み出すことができる部下やメンバーが現れ始めるのです。

さらには小さな成功体験を経て、新たな自分に目覚めるメンバーもいます。

こうした場合、リーダーは、その勇気をさらに後押しし続ける姿勢が重要になってきます。

大切なのは、人の可能性を信じること、そしてあきらめないこと

数年前のある日、とある企業から私のもとにチーム開発の依頼が入りました。「メンバーたちの主体性を上げてほしい」という要望でした。そのチームにはリーダーから見て「どう扱って良いかわからない」というメンバーが多く、リーダーは「人は変わらないものだ」と半ばサジを投げていた状態でした。

毎回の支援は当然簡単なものは一つとしてありません。ただ、「どんな人も変化・成長の種はその人の内側にある」という信念・〝在り方〟のもと、相手の話に耳を傾け尊重し、信頼関係が構築されていく中で、各メンバーに自己肯定観と新しい挑戦（それはささやかなことから始まることが多い）の取り組みが始まり、やがてチームは大きく変化していきました。半年間のチーム支援の結果、最終的には大きな業務改善が進み、会議も全員発言が基本となり、さらなる取り組みが継続されています。

そして現在、この組織では弊社のプログラムを内製化し、チーム開発の知識や技術、フレームワークを用いて社内の他チームの支援に取り組んでいます。

大切なのは、人の可能性を信じること、人の成長をけっしてあきらめないことです。

歴史上の偉人の生き様と言葉から、日本人の精神性を学ぶ

本書の最後の第5章では、「歴史軸」として、無私の精神で日本人の魂を継承し、日本のために尽くした偉人たちの生き様と言葉を紹介します。

これまで、私たちは欧米を中心に蓄積されてきたリーダーシップやマネジメントの理論や技術をたくさん学んできました。しかし、学問としてのリーダーシップ研究は、日本の第一人者と言われる金井壽宏《としひろ》先生（神戸大学大学院経営学研究科教授）ですら「まだまだわからないことが多い」と著書（『リーダーシップ入門』日経文庫）で述べられています。たしかに様々な知見や技術・技法を学んできましたが、「リーダーの在り方」に関しては、自分の未熟さもあって、なかなか腑に落ちるところまではいきませんでした。

ところがこの数年、人材・組織開発とは異なる分野の勉強会や書物を通して、我々日本人の偉大な先達たちの生き様を学ぶことで真のリーダーの〝在り方〟が理屈ではなく、感覚として私の腹に収まる体験がいくつかありました。そのインパクトは大きく、しかしながら器の小さな自分の中に収まりきらず、今もその方向からの学びと探求を継続している最中です。

そして、偉業の背景や経緯を知れば知るほど、「よくそんな振る舞い・決断がその状況下でできたな。どういう心構えや考え方からきているのか。そして、どうしてその〝在り方〟を育てることができるのか？」と興味は絶えません。そしてそのことを考えるときはいつも、成し遂げた人たちの魂や志、勇気や覚悟が私に迫り、問いかけてきます。「お前の〝在り方〟は本物か？」と。

日本の文化と日本人の精神に根ざした、人としてリーダーとしての〝在り方〟を腹に落とし、行動していくのは、実はもっとも自然で近道なのかもしれません。それでも一朝一夕に身につくものでもありません。

これまでも各界の様々なトップリーダーも歴史から学んできたように、私自身も学び、心の支えにしていることを等身大的に、少しでもみなさんにお伝えしたい。そして、ささやかなことではありますが、私が実践していることを共有することで、歴史からリーダーの〝在り方〟を学ぶヒントにしていただきたいと思います。

リーダーの〝在り方〟を学ぶ材料は、豊かな自然と長い歴史を持つこの国においては、意外にも私たちの足元に多くあります。それはまさに偉大なるたくさんの先人たちが遺してくれた大切な遺産であり、我々はそれらを継承・発展させていく役目があると感じています。

第1章

〈自分軸〉まず自分自身を見つめる

心得01

リーダーシップとマネジメントの違いを知る

部下を持つ管理職、あるいはメンバーを率いるチームリーダーには、大きく分けると「マネジメント」と「リーダーシップ」の機能が求められます。

かつては、部下を文字通り「マネジメント／管理」しているだけでよい時代もありました。しかし、現在はそれだけでは管理職は務まりません。

人々の働き方や価値観が多様化し、管理するだけでは部下のやる気を引き出せない現代においては、「リーダーシップ」を発揮して部下の心に火をつけ、いかに「やる気」と「主体性」を引き出し、ベクトルを合わせて「チーム力を最大化」させることができるかが求められています。

この「やる気」と「主体性」「チーム力の最大化」は、様々な人材開発や組織開発の研究者や団体において、世界的に企業や組織の取り組み課題として活発に探究・議論されています。

私自身のキャリアを振り返ってみると、勤めていた会社を20代後半で辞めて独立し、起業してからの10年間は、ひたすら数字を追いかけ、並行して部下の育成・指導に苦心してきたことを思い出します。

「どうすれば部下たちのモチベーションを引き出すことができるのか」
「主体性を持って仕事をやり抜く人材に育てるのはどうしたらいいのか」
「仕事を任せられる自分の分身のような部下を育成するには何が必要なのか」

当時の私には、まだ人材開発に関する知識はまったくと言っていいほどなく、知っていたのはナポレオン・ヒルの「成功哲学」、や山本五十六《いそろく》元帥の有名な次の名言くらいのものでした。

やってみせ

言って聞かせてさせてみて
誉めてやらねば人は動かじ

部下を育てる方法を専門家から直接教わる機会もなく、ほぼ経験と独学の我流で人材育成・開発を探究していた状態でした。

40歳を境に人生の転機を迎え、奇しくも教育研修業界に参入しました。それからは心理学やコーチング、ファシリテーションなど、多くの知識や専門書との出逢いがあり、このときに「自分は管理職としては素人だったんだ」と気づかされました。それからは専門的なトレーニングを積み重ねて、自社や外部の所属組織で実践・試行錯誤しながら自らのスキルを磨き、「何が人材育成やモチベーションの向上に効果的か」を探求してきました。

そして現在、「全員活躍チーム」の実現に向けて、様々な企業の支援をさせていただいているのですが、クライアント企業のチームに実際に入ってみて、強く感じることがあります。それは、管理職や経営者が抱える人材の悩みは私の30代の頃とほぼ変わらず、ほとんどの管理職やリーダーが「リーダーシップ」について体系的に学ぶ機会を持てていない、と

図表1 マネジメントとリーダーシップの違い

	マネジメント	リーダーシップ
目的	既存のシステムを動かし続ける 複雑さに対処する	大きな変革を生み出す 変化に対処する
行動特性	計画と予算の策定	方向性（ビジョンと戦略）の策定
	組織編成と人員配置 人々を組織化する 〈いかに設計するか〉	人々を感化する １つにまとめる 〈いかにコミュニケーションするか〉
	統制と問題解決 計画通り進める （秩序と一貫性がもたらされる） 〈ムリ・ムダ・ムラをなくす〉	動機付け、人々から活気あふれる行動を引き出す （達成感、帰属意識、正当な評価、自尊心、所有感、理想） 〈エネルギーの爆発〉

出所：『リーダーシップ論』（ジョン・P・コッター著／ダイヤモンド社）

いうことです。

管理職やチームリーダーといえば、多くの人が「マネジメント」という言葉をイメージするでしょう。部や課、人材を「マネジメント」（管理）することが管理職やチームリーダーの仕事だと捉えている方も多いと思います。そのためリーダーシップについては、ほとんど意識・探究されていないのが現状です。

では、「マネジメント」と「リーダーシップ」の違いとは何なのでしょうか。

世界最高峰と言われる経営大学院「ハーバード・ビジネス・スクール」の名誉教授であり、リーダーシップ研究では世界的権威でもあるジョン・P・コッター博士は、マネジメントとリーダーシップの違いを図表1のように分けて定義しています。

POINT

チームリーダーや管理職には大きく分けて「マネジメント」と「リーダーシップ」の2つの機能が求められる。しかし、両者の違い、とりわけ「リーダーシップ」についてはあまり認識されていない。

心得 02

リーダーシップとは、自らも燃えて部下の心に火をつけること

前述したジョン・Ｐ・コッター博士のリーダーシップ論では、簡潔に言うと「ビジョンを掲げ、いかに人々の心に火をつけるか」がリーダーシップであると述べられていますが、これまでも古今東西、世界中の研究者や企業のトップが、様々なリーダー論、リーダーシップ論を述べています。

たとえば、松下幸之助は著書『指導者の条件』（ＰＨＰ研究所）の中で、日本史上の名君や古代中国の思想家、近代の世界の政治・経済のトップリーダーの言行などを紹介しながら指導者（リーダー）の在り方、要諦《ようてい》を１０２項目（実質１０１項目）にまとめています。

また、前述した日本におけるリーダーシップに関する研究で著名な経営学者である神戸大学大学院の金井壽宏先生の著書『リーダーシップ入門』（日経文庫）で、リーダーシップについて簡潔に述べられている箇所があるのでご紹介します。

「ここでは『絵を描いてめざす方向を示し、その方向に潜在的なフォロワーが喜んでついてきて絵を実現し始める』ときには、そこにリーダーシップという社会現象が生まれつつある、とごく簡潔に捉えることにしよう」

リーダーシップとは、他者との間に発生する「機能」です。つまり、自分という範囲を超えて他者に影響を与えるのがリーダーシップ。自分の役割やタスクを越えて、他者に影響を与える機能とも言えます。

今の時代は、人々の価値観の多様化やＩＴの普及により個業化が進む一方で、その弊害も叫ばれています。また、多くの管理職は部下の指導や育成だけでなく、プレーヤーとしての業務も担当しなければいけないハードな状況に身を置いています。

自分の業務をこなすにもエネルギーが必要ですが、部下や他者に関わるのは自分以上に相手を理解するのが難しく、伝えたいこともなかなか伝わらないもので、さらにエネルギーやスキルが必要になります。

このように、他者に影響を与える、特に人々の心に火をつけるには、まず自分のモチベーションが高くないと熱も伝播しませんし、そうでなければ他人のことに関わるエネルギーも湧いてこないでしょう。つまり「自燃性」が必要だということです。

まずは肝心の自分自身の中に、より広い範囲、部下や他者も含まれてくるより大きな枠組みで責任を取っていくためのエネルギーと燃える心がなくてはならないのです。

POINT

リーダーシップとは、部下やメンバーを強引に従わせることではない。リーダー自身がビジョンを描き、熱い思い（自燃性）を持ち、メンバーをはじめとする他者を感化し、喜んでついていきたくなる状態を作ることである。

心得03

モチベーションを上げるヒント

ここではビジネスにおける「仕事の捉え方」と「モチベーション」について考えます。

一つ目の「仕事の捉え方」ですが、イエール大学経営大学院のエイミー・レズネスキー准教授の研究によると、人と仕事の関係は大きく3つのカテゴリーに分けられるといいます。

①ジョブ（Job）……生きるため、生活のため、お金のために働くこと（労働）

②キャリア（Career）……自己成長のため、キャリアアップのための仕事（経歴）

③コーリング（Calling）……自分の仕事自体に価値を感じ、社会的意義を感じて働くこと（天命、使命感、天職）

人によって大小の違いはあれど、これら3つの仕事の捉え方があるのはうなづけます。そして、その中でとくに持続的に高いモチベーションを維持し、自分の仕事に対する幸福度がもっとも高いのが「コーリング」であると言います。

英語の「Calling」には、「召集、神の思し召し」という意味もあり、コーリングは日本語に訳すなら自分というものを超えたところから授かる「天命」「使命」「天職」であると言えるでしょう。

自分の仕事を「天命」「使命」「天職」と思えれば、少々の給料の低さや、仕事で仮に辛いことがあっても、「この仕事はやめたくない」と続けていく強い動機となります。そして、「やらされる仕事」ではなく、自発的に仕事に取り組み、深め、探求し、創意工夫をして、価値を創造していきたくなるでしょう。

同時に、コーリング（Calling）は自分のためだけでなく、誰かの役に立つものですから、当然、社会貢献につながっていきます。

二つ目の「モチベーション」については、アメリカの作家・文筆家であるダニエル・ピンク氏の著書『モチベーション3・0』（講談社）が参考になります。

アメリカのアル・ゴア元副大統領の首席スピーチライターでもあったダニエル・ピンク氏は、欧米の研究者たちが60年近く研究してきたモチベーションに関する内容を本書で簡潔にまとめています。

研究の結果、モチベーションは主に次の３つの段階に分類できるとしています。

- **モチベーション1.0……生活のため、食べるため⇓生物学的な衝動**
- **モチベーション2.0……報酬（アメ）と罰（ムチ）、インセンティブや降格など⇓外発的動機付け**
- **モチベーション3.0……自律・熟達・目的。活動から得られる結果より、活動そのものから生じる満足感⇓内発的動機付け**

モチベーション1.0は働く多くの人に共通するものです。モチベーション2.0は「外発的動機付け」という外から与えられる動機であるのに対して、モチベーション3.0は「内発的動機付け」という自分の内側から湧き起こってくるものとされます。

モチベーション3.0にある「自立・熟達・目的」とは、次のような意味です。

①自律……自分で決めること
②熟達……仕事が以前より上手くできるようになること、成長感
③目的……自分のためだけでなく、誰かのために役に立つ、利他。チームへの貢献、社会的貢献など、より大きな目的に結びつくこと

注目すべきは、著名な学術機関の複数の経済学者や研究者たちが次のような研究結果を発表していることです。

「経済的なインセンティブは、全体的な成績に悪影響を与える恐れがある」

「柔軟な問題解決や創意工夫、概念的な理解が要求される仕事に対しては、条件付き報酬はむしろマイナスの影響を与える恐れがある」

言われてみれば、目先の売上や短期利益の追求のために、組織内で行われるキャンペーン施策などは、そのときだけはやる気が湧いて職場に盛り上がった雰囲気が生まれても、年に数回、さらには毎年となってくると、だんだん慣れてしまい、さらには精神的に疲れてきて、「何のために頑張っているのだろうか」という疑問が湧いてきます。みなさんにもそんな経験があるかもしれません。

このことは、今もモチベーション2・0を信奉している経営者や管理職・リーダーにとって、今後の組織運営の考え方を見直す大切な視点だと言えます。

POINT

モチベーションについては、報酬やインセンティブなどの「外発的動機付け」から、自分の内側から湧き起こってくる「内発的動機付け」の重要性が高まっていることを認識すべきである。

心得04

お金ではなく、他者への貢献を優先する

私が大学卒業後に就職した会社は、目標達成に大変厳しい社風で、モチベーション２・０の動機付けが主でした。一方で自由度の高い社風でもあったため、モチベーション３・０の自律、結果のためには自分なりに工夫し実行することが推奨される環境でもありました。また、個人の成長・学習が推奨され、先輩からのフォローも厚く、挑戦することについても歓迎されました。そのため、モチベーション３・０の仕事の「熟達・成長」も感じられました。

とはいえ、「自律」に関しては、やはり人事異動などに関してはもちろんは自由ではなく、会社員としては限界があり、何より誰かのためにという「目的」に対しては、実際のところは自分自身ピンときておらず、モチベーション２・０の動機付けを色濃く感じている状態でした。

組織人ではなく、さらに自由度の高い「自律性」を求めて独立した私は、当然のように生活のため、食べていくためのモチベーション1・0と、やればやっただけ自分の報酬になる完全歩合的なモチベーション2・0との相乗効果もあり、当初は高いモチベーションでがむしゃらに働くことができました。

しかし、やがて自社の業績が安定していくのと反比例して、私のモチベーションは下がっていったのです。

「自由になりたい」という価値観に燃えて独立したものの、やはりここでもモチベーション1・0と2・0が主で、モチベーション3・0の「自律」と「熟達」は手に入るものの、社会貢献や利他といったモチベーション3・0の「目的」とは縁遠く感じ、仕事による幸福感も満足感もなかなか得ることができなくなりました。次第に私は仕事を継続していく意味がわからなくなっていったのです。

その後、モチベーションの低下とともに売上も下降する中で、業態転換のチャンスが偶然訪れました。そのときから、「自分はこれからの人生の後半戦で、何を大切にして、どのように仕事を進めていくべきなのか?」を自問自答する日々が始まりました。

そして辿り着いたのは、「これからは何を行うにしても、他者への貢献や利他を優先する」というモチベーション３・０の「目的」に当てはまる価値基準でした（当時は「モチベーション３・０」という言葉や概念は知りませんでしたが）。その後、様々な選択・決断を迫られるときには、儲けや売上を優先するのではなく、自分にとって大切な価値観を優先することを自らに　問い、判断するように心がけていきました。

その結果、収益は当初大変厳しいものがありましたが、苦しい中でも、私自身、以前とは違った感覚の高いモチベーションを維持できていることに気づき始めました。貢献や利他を考えると、やらねばならない課題が次々に見つかり、仕事へのやりがいは絶えることなく続いていったのです。

会社を経営していくには、もちろん収益をあげることは必須です。しかし、人材開発・組織開発を仕事とする私にとって、売上を優先した受注ではなく、「人の可能性を開くこと」を第一の目的に、自分の使命と役割を果たせるかを最優先に考えるようにしていきました。

現在は、人の可能性を開く成果にこだわり、もしもその環境が作られないのであれば、仕事を安易にお受けしてはいけないというスタンスでいます。

以前であれば「売上が上がるなら何でも仕事を引き受ける」という選択をしていましたが、効果が生まれにくい短期間の研修を自社サービスから外し、確実にクライアントの変化・成長を起こすことができるプログラムに特化し、最低でも半年以上の組織開発・人材育成プログラムのみを展開するようにしました。

当初、弊社のような半年以上期間を必要とするプログラムは業界でも一般的ではなく、お客様からの理解も得られず、経営的には厳しい時期が続きました。しかし、徐々に理解してくださるお客様が増えてきており、「目的」と売上・利益のバランスが取れるようになってきました。

そして、「貢献・利他」という目的を第一に、売上・利益が後からついてくるという理想形、いや当たり前の姿（歴史軸の章で触れますが、昔はそのような考えが今以上に大切にされていました）を継続・拡大できるよう、日々腐心しています。

みなさんは、仕事の現場で何を優先し、大切にしているでしょうか。

様々な外的要因があって、思うようにいかないこともあることでしょう。「自分は雇われの身だし、組織人だから理想と現実は違う」と半ばあきらめている人もいるかもしれません。しかし、目の前の仕事にどのような意味や価値を持たせることができるか、自分は何のために仕事をするのかを自ら見出していくことが大切です。

POINT

自分の欲望や利益を優先して仕事をすれば初めのうちはうまく進むかもしれないが、やがて壁にぶつかる。自利以外の自分にとって大切な目的・価値観を見出し、そこによろこびと幸せを感じられるようになることである。

心得05

自分にとってもっとも大切なことを明らかにする

アメリカの名門、スタンフォード大学経営大学院は特にリーダーシップ教育に力を入れていると言われています。その入学試験で、この10年ほど必ず出される課題があるそうです。それは「自分にとってもっとも大切なことは何か？　それはなぜか？」との問いかけです。また、同大学院では「自分が信じた価値を実現する手段としてビジネスがある」と教えられると言います（佐藤智恵著『スタンフォードでいちばん人気の授業』幻冬舎）。

自分が信じること、もっとも大切にしていることを、今この瞬間、大切にできたなら、大きな満足と幸福感を得ることができるでしょう。なぜならもっとも大切にしていることを大切にできる時間を過ごせるわけですから、よく考えてみると当たり前のことです。しかし、そんな当たり前のことに意外と気づかず、ましてや実行している人は意外と少ないように思います。

では、ここで考えてみましょう。

あなたにとってもっとも大切なことは何ですか？

お金でしょうか。仕事でしょうか。あるいは他のもの（こと）かもしれません。

多くの人にとってお金は大切なものですが、お金の使い道は人によって違います。よく考えてみれば、お金というのはただの紙切れです。しかし、「信用」をベースにしたお金は様々な価値に転換できます。

お金というものから得られるものやできること、その背後には、たとえば次のような価値観が内包されています。

・貯蓄＝老後の安心、安定
・高級な車に乗る＝尊敬、承認（世の中から認められたい）
・趣味や旅行＝自由、好奇心

図表2　あなたにとって大切なこと＝価値

お金というのは、価値を手に入れる、実現するための一つの道具にすぎません。

ここでお伝えしたいのは、本当に大切なものや大切なことは「お金」ではなく、お金で手に入る価値、自由や安心、安定、尊敬、成長、信頼、貢献といったものこそが本体だということです。

社会的な成功や地位の高さを裏づける報酬を優先したことで、家庭を顧みず家族との幸せを犠牲にしてしまったり、健康を害したり、あるいは友人を裏切ったことで孤独に身を落としてしまったりという人の話も時に耳にします。

もし、後から悔やむことがあるならば、それは最初に「自分にとって一番大切なことは何か？」を明らかにしていなかったということでしょう。

もし、まだ「もっとも大切なこと」が明らかになっていないのであれば、まずは一度立ち止まって考えてみましょう。

自分にとって一番大切なことは何か？

人生では、大切なことの優先順位を強く意識する時期があります。

自分のやりたいことや自由は後回しで親の介護を優先するとか、若い頃は成功を夢見たけれど、今は後進の育成に力を注いでいるなど、人生のライフステージによって大切なことの優先順位は変化していきます。人生の節目では自分にとって一番大切なものは何なのかを見つめ直す機会にもなります。しかし、節目でなくても、今まさに「自分にとって最も大切なこと」が明確であれば、遠回りをしなくても良いかもしれません。

私の場合、成功や自由が優先されていた時期もありましたが、今は貢献や誠実さのほうが優先されています。

もしも今、あなたがモチベーションが上がらない、本気になれない、あるいはリーダーとして何を大切にチームを率いていけば良いのかが明確でないならば、まずは「自分にとって一番大切なことは何か？」を明らかにするとよいでしょう。

繰り返しますが、価値ある大切なこととは、お金やもの自体ではなく、そのものが自分にもたらす意味や意義のことです。

自分にとって一番大切なことは何ですか？

POINT

金銭的報酬は手段であり、目的ではない。得たいものは、お金そのものではなく、その先にある、自由や安心、安定、尊敬、楽しみ、成長、信頼、貢献などの価値である。そして、「最も大切なこと」を明らかにして、大切にすることが深い満足につながる。

心得06

大切なことと目の前の仕事を一致させる

心得5でのテーマは「自分にとって一番大切なことは何か？」を明らかにすることでした。自分にとってもっとも大切なことを大切にしていくと、深い満足感が得られます。

ところが往々にして、もっとも大切なことを脇に置いて、他の価値を優先してしまうことがよくあるものです。本当は信頼が大切だと思っているのに、自分の利益を優先してしまったり、挑戦が大切だと言いながら現状維持という楽な方を選んでしまったり。私もややもすれば安易な方へ流れそうになる自分との葛藤があります。

仕事におけるもっとも大切なことを「信頼関係」に置いているリーダーであれば、部下やチームメンバーと信頼関係を築くことができれば、これほどうれしいことはありません。

社会に貢献することが大切だと考えているリーダーであれば、仕事を通して何かしらの貢献ができれば、大きなやりがいや達成感を得ることができます。

挑戦することが大切なリーダーならば、常に挑戦することでワクワクしながら日々、高揚感を得ることができるはずです。

こうしたお話をすると、「今の仕事では自分が大切にしていることがなさそうだし、モチベーションも上がらないので転職でもしようかな」と言う人がいます。たしかに積極性や明るい雰囲気が大切だという人が、消極的で暗い雰囲気の職場にいると滅入ってくるかもしれません。しかし、それは誰かから与えられないと自分が大切にしているものが手に入らない状態であり、じつは自らが大切なことと自分を一致させて生きていないということになります。

周りから与えられるものではなく、仕事の一つひとつの場面で自分の大切にしていることを具体的に行いに移してどのように振る舞い、どのように取り組んでいくか、自らが大切にしていることと自らをまずは一致させて仕事に取り組むことが重要です。

どのような環境にあろうと、何をするにしても、自分の大切にしていることをその中で自ら表現し、自分にとって大切なことを大切にすれば良いのです。

たとえば、リーダーとして信頼関係を大切に考えているなら、普段は仮に忙しくてパソコンの画面を見たまま部下と話をしているが、これからは相手の目を見て真摯に話を聴くとか、部下やチームメンバーとしっかり対面して「おはよう」のあいさつをするとか。また、質問や相談を持ちかけられたら、面倒くさそうに対応するのではなく、思いやりをもって誠実に対応するとか。日常のささやかなことを自分の大切なことと一致させていくにはどうすれば良いのかを考え、行動することです。

成長することが大切な人にとっては、失敗を恐れずに未経験のことにもチャレンジすると良いでしょう。小さなことからまず一歩前に足を踏み出すことです。最初からすべてが上手くいくことは稀です。しかし、修正を加え、繰り返し進めていくことで学び、成長することができます。

責任が大切だという人は、自分の仕事をやり遂げるまではけっして投げ出さず、様々な方法を考え、トライし続けることが「責任」を大切にして生きるということとなります。

今のあなたの目の前にある仕事の中で、大切にしていることを大切にする場所、タイミング、方法はいくらでもあります。すべて、あなたの足元に。

自分のいる場所、日々の場面で、どのように考え、行動して、自分の仕事と一致させていくかによって、その後に得ることができる成果や満足感も変わってくるのです。
たとえば、次のような目の前の簡単なことから始めてみるのはいかがでしょうか。

・周りを明るくする、活性化、貢献↓元気なあいさつ
・思いやり、信頼↓悩んでいる部下に声をかけて食事に誘う
・人への礼節、思いやり↓トイレのスリッパを揃えて脱ぐ
・貢献、利他↓他人の揃ってないスリッパも揃える

《コラム》
落語の演目に、江戸時代中期に実在した歌舞伎役者を主人公にした『中村仲蔵《なかぞう》』というものがあります。
歌舞伎役者の世界には階級がたくさんあり、しかも名門の出身でないとなかなか上に行けない厳しい世界です。中村仲蔵は名門の出身ではなかったために、ほんの小さな役しか演じさせてもらえない不遇の時代が長く続きました。それでも目の前のできることを一心不乱に行い、芸を磨いていきました。

そうした努力を必ず見てくれている人がいるもので、あるとき、江戸歌舞伎を代表する大立者である四代目・市川團十郎《だんじゅうろう》に認められてからは人気が上がり、一代で仲蔵の名を大名跡とするほどの役者になりました。

名門の出身ではなくとも、自分が大切な役者の道でコツコツと努力し、目の前の役を一つひとつ大切に演じていったことで、仲蔵は歴史に名を残す一流の役者になることができたのです。

なお、自分にとって一番大切なことを明らかにすることは、後述する「心得9」でお伝えする自分自身の仕事上の「ミッション」「ビジョン」「バリュー」ともつながっていきます。

POINT

「自分にとって一番大切なこと」を実現するためには、そのことと今自分の目の前にある仕事とを一致させ、ささやかなことからすぐに取りかかり、地道に継続することが重要である。

心得 07

肯定的な意味を引き出し、プラスの意味付けをする

物事は一面だけでは判断できません。見方によっては様々な意味が含まれているからです。物事は、受け取る人によって肯定的（ポジティブ）な面にも、否定的（ネガティブ）な面にも捉えることができます。

たとえば、「勉強」について考えてみましょう。ネガティブな面を捉えるなら、勉強は面倒くさいもの、退屈なもの、難しいものです。一方、ポジティブに考えれば、好奇心が刺激される、おもしろい、成長に必要なもの、と捉えることができます。

仕事上でも、主業務以外の委員会活動がある場合、評価には反映されないのだからムダだ、面倒くさい、おもしろくないといったネガティブ面を感じる人もいると思います。しかし、ポジティブに考えるなら複数の仕事をこなす力を身につけられる、リーダーシップ

図表3　早く問題解決のヒントを手に入れたい

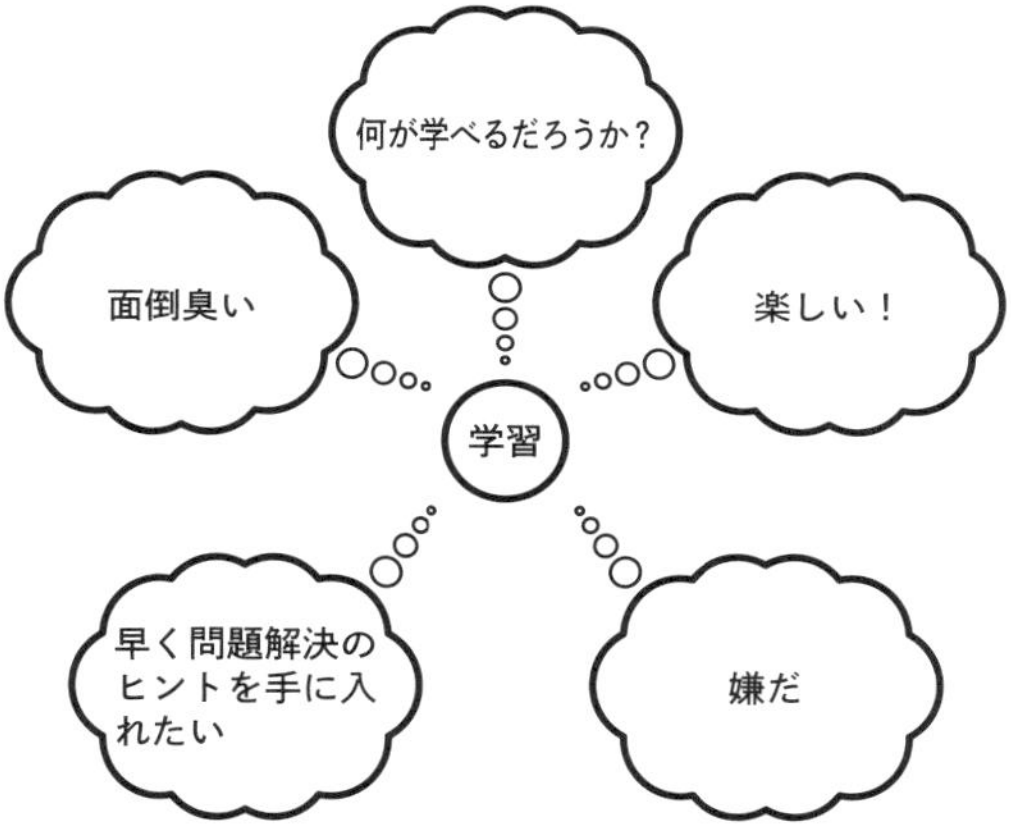

を育てられる、人脈を拡げられるといった有益面を捉えることができます。

しかし、私たちは往々にして一面に囚われて、それを物事のすべてのように感じたり、ひとつの考えに固執して決めつけてしまったりしがちです。

否定的な意味に囚われてしまうと、パフォーマンスが落ち、良い成果は生まれにくくなるものです。これが仕事の場面だと成果に響いてきます。

もし、あまり気乗りがしないことを実行しないといけないのであれば、ポジティブな考え方やプラスの意味付けをして行えば、気持ちが前向きとなり、仕事が進み、想像以上の成果も期待できます。

否定的に思えることに取り組まねばならないときは、あなたのパフォーマンスが上がるような解釈や意味に変換してみます。

たとえば、次のように自分にとってプラスの成果につながるような解釈に変換するのです。

・報告書を書くのが面倒↓お客様のためである↓いかにわかりやすく早く仕上げるかを考えてみる
・お客様のクレームに対応することは面倒である↓こちらの問題点がわかり、今後の問題解決手法を学ぶことができる↓真摯に聞き改善策を考える
・部下の育成は難しい↓管理職としての指導力を高める良い機会だ↓好奇心をもって接してみる

POINT

物事は様々に解釈できるが、人は往々にして一面のみを見がちである。どうせ行うのなら、ネガティブに感じられる仕事でもポジティブな面を見つけて取り組めば、パフォーマンスが上がり、良い成果につながる。

心得08

自分は何者なのか？自分に対しての意味付けを考える

前述したように、自分がやるべきことの肯定的な面に光を当てて解釈することで、その意味がネガティブなものからポジティブなものに変換されます。すると、モチベーションが上がり、やる気も出て、成果が上がるようになっていきます。このことを自分自身についての見方に当てはめるとどうなるのでしょうか？

ここでは、「自分自身に対する意味づけ」について考えてみたいと思います。

誰にでも、本当になりたい自分、理想の自分というものが心の奥底にあるのではないでしょうか。しかし、現実は自分自身が望むような自分でないことが多く、「変わることは無理だ」と自分で自分の可能性に制限をかけて、なりたい自分をあきらめてしまいがちです。

そして、自分が「なれない理由、できない理由」をあれこれと並べてしまいます。

それは一方で、自分の可能性に蓋をすれば無理をする必要がないですし、ある意味楽にもなれます。じつは無意識の領域では居心地のいい状態でもあります。

ただし、この状態のままでは思うような自分に近づけません。困難を避けて、現状維持に満足して、居心地のいい状態に安住しようとするのですから当然のことです。


ここで問題なのは、アクセルを踏みたい自分とブレーキを踏んでいる自分の両方が存在していることに気づいているかどうかということです。気づいていない場合、理由もわからずモヤモヤと中途半端な気持ちのまま、日々を過ごしてしまうことになります。もちろん、仕事の成果にもプラスの影響は期待できないでしょう。

もし、あなたが成長を望み、なりたい自分になりたいのならば、まずは一旦「できない理由」を封印して、次にイメージの力を最大限に使って、本当に望む自分の姿を思い描いてみましょう。それをさらに深く突きつめていくと「本当は自分が何のために生まれてきたのか、どんな役割があってこの世に生まれてきたのか？」という問いに出逢います。

いわゆる「自分の天命・使命とは何か」というものです。

人には「4つの命」があるとも言います。

「天命」とは、天から与えられた自分の役目といわれます。役目というからには、「お役に立つ」という意味では人や社会の役に立つことが前提です。

生まれた時代や国、親などは変えられません。命を宿したときに授かったものですから、これが「宿命」です。

人生は選択の連続です。自分が選んだことによって、自分の命は運ばれていきます。これが「運命」です。

そして人生の経験を重ね、与えられた天命に気づいたとき、天命に向かって命を使う生き方が「使命」だと言われています。

天命——天から与えられた役目

宿命——持って生まれたもの、個性

運命——自分が選択した結果、発生した今の状態、宿命が運んできた今の結果・状態

使命——天命に従って生きること。天命に続く道を生きること

人は一人で生きていくことはできません。人類の歴史を辿ってみても、争いは絶えず繰り返されながらも、一方で人は助け合い、今の時代まで生き残ってきました。互いに協力し合い、人の役に立って、貢献し合ってきたのも人間です。争いよりも協力や和の心が大切で、それらを多くの人は願っています。

人の一生を考えてみても、生まれたばかりの赤ちゃんは親に守られ大切に育てられ、成長していくにつれて自分で歩きながらも、やはり多くの人の支えや援助があって生きているわけで、そのことを考えれば、感謝の念が湧いてくるはずです。

そのとき、自分も次の世代に対して援助を惜しまず、先人たちから受けたものを引き継いでいくという役目に気づくことができます。

一方、自分の利益ばかりを考えて、自分優先で生きていると、人との対立が起こりやすく、争い奪い合うこととなり、孤独感を味わうことになりかねません。

多くの人からの助けに感謝して、人にお返ししていくことの大切さに気づいた人は、人のよろこびを自分のよろこびと感じることができ、真の信頼関係を築くことができます。それこそがリーダーとして必要な〝在り方〟です。

私たち人間には、一人ひとりに与えられた個性や能力があります。それらを使って誰かの役に立つことができれば、相手はもちろん、自分も幸福感を得ることができます。

何のために生まれてきたのか？

あなたは何者なのか？

もし、今までこのことについてほとんど考えたことがないならば、これをきっかけに、このテーマの探求をされてはいかがでしょうか？　それが明らかになったときに、ブレない軸が手に入ることを私の経験からお伝えしておきます。

POINT

人には「天命」「使命」「運命」「宿命」の「４つの命」がある。「自分の天命・使命は何か」を自らに問うことで、これまで意識してこなかった新たな自分、「在るべき姿」を発見することができる。

心得09

あなたの「ミッション」「ビジョン」「バリュー」を明らかにする

近年、多くの会社が「ミッション」「ビジョン」「バリュー」の重要性を再認識し始めています。

「ミッション」「ビジョン」「バリュー」とは、日本では「社是」や「経営理念」とほぼ同義語で、会社の「在るべき姿」「在りたい姿」を表したものです。

会社がどう在るべきか、どう在りたいか、その会社の目的や存在理由を表明し、会社にとって根幹となる大切にする価値を短い文章にして宣言文のような形にしたものが社是や経営理念です。これらを３つに置き換えたものが「ミッション」「ビジョン」「バリュー」ということになります。

・ミッション（使命・存在理由）……「何のために？」

・**ビジョン（理想像）**……「未来の望む状態は？」
・**バリュー（価値規範・行動基準）**……「何を基準に行動・判断するか？」

ミッションは、「何のために自分たちは存在しているのか？」「自分たちの使命は何か？」ということにつながっていきます。

ビジョンは、「未来の在りたい姿」「存在理由をまっとうしていったときに実現する理想像」とも言えます。

会社やチームにおけるビジョンの中には、様々な人が描かれ、含まれているはずです。なぜなら、未来の在りたい姿は、一人で実現することは不可能で、多くの人との協力や支援が必要であり、ウィン・ウィンの関係があちらこちらにできていないと実現しません。ですから、当然ビジョンには仕事の関係者や顧客などが含まれてきます。

バリューは、前記のことを実現していく際に優先される価値や行動の基準です。抽象的な言葉だと「誠実さをもって取り組む」「信頼関係を第一に大切にする」「挑戦心を持って前進する」、具体的な場合は「笑顔であいさつしよう」「時間を守ろう」といった規則的な言葉が並ぶこともあります。

私はこれまで、様々な企業・組織内のチームの「ミッション」「ビジョン」「バリュー」策定のお手伝いをしてきました。その中からいくつかの例をご紹介しますが、みなさまが読まれてもピンとこないかもしれません。作った当のチームメンバーにとって腑に落ちるものですから当然のことですが、自分たちの言葉で作られていることがポイントとなります。

【ミッションの事例】

事例①（某企業の経営幹部チーム）

・私たちは、◯◯（社名）に関わるすべての人をハッピーにする。

事例②（某企業の経営幹部チーム）

・私たち7人は、会社を成長させるための改革者である。

事例③（某介護施設の現場リーダーチーム）

・私たちは、「ありがとう！」を量産するために挑戦し続けるチームです。

【ビジョンの事例】

事例①（某医療機器メーカーの経営幹部チーム）

・充実感あふれる社員により、人生を豊かにできる〝関わり〟を創出します。

事例②（介護施設の現場リーダーチーム）

・福祉業界に変革を起こす○○県一の最高の介護職人集団となる。

事例③（土木系業界団体の役員幹部チーム）

・○○士が世間からあこがれられる夢の職業になる。

【バリューの事例】

事例①（某介護施設の現場リーダーチーム）

「安心・安全」

「改善」

「スマイル」

「助け合う」

事例②（某企業の経営幹部チーム）

「関与し、理解し、信頼し合う」
「過去を振り返り、未来を創る」
「常に前進！　更なる挑戦！」

事例③弊社（株式会社人活工房）

利他　貢献することを最大のよろこびとします。
可能性　人の可能性を開くために、肯定的な人間観を持ちます。
挑戦　勇気あるチャレンジをし続けます。
成長　「人は生涯成長できる」ことを社員全員が見本となり体現します。

時代の変化に伴い、「ミッション」「ビジョン」「バリュー」を見直したり、新たに策定する会社が増えています。しかし、そのことが必ずしも成果や成長につながっているとは言えないようです。なぜなら、組織に「ミッション」「ビジョン」「バリュー」がなかなか浸透しないという現状があります。そして、じつのところ、組織の上層部や管理職からも「本音のところではピンときていない、正しく理解していない」という声も聞きます。そんな状態では、従業員たちに浸透しないのは当然だと言えます。毎朝の朝礼時に斉唱している職場も見受けられますが、腑に落ちないまま唱えていても、効果は低いと言わざるを得ません。

そうした場合、私の支援先のチームでは、自分の職場におけるそれぞれの「ミッション」「ビジョン」「バリュー」を個人的に作成することをお勧めしています。

まずは一旦、自分の人生を振り返り、自分が本当に大切にしたいことを明らかにし、それらを今の仕事に当てはめると、どのような文章になるかを考え、文章化していきます。

自分の仕事上の「ミッション」「ビジョン」「バリュー」を明確にするということは、なりたい姿、あるべき姿、仕事の進め方などの基準を明確にするということです。それは、あなたがあなた自身の役割に自分の言葉で意味を与え、大切なことを大切にしながら行動するための〝拠り所〟を明確にすることにもなります。

こうして、あなたが上司から与えられたかもしれない仕事や役割に対して、その意味や意義が自分自身の中で腑に落ちてきます。そうして、やっと仕事の意義や目的を感じ、仕事に対するモチベーションが変化するはずです。

会社の「ミッション」「ビジョン」「バリュー」と大きく違わなければ会社のものと自分

のものと2つあっても問題はないでしょう。そもそも会社の「ミッション」「ビジョン」「バリュー」は押しつけるものではなく、また個人のものを明らかにすることで、逆に会社の「ミッション」「ビジョン」「バリュー」の理解も進み、腑に落とし、実行に移せるようになることが肝要です。

POINT

会社の「ミッション」「ビジョン」「バリュー」に対し、自身の仕事上の「ミッション」「ビジョン」「バリュー」を明確にすることで、仕事の意義や目的を感じ、高いモチベーションを維持することができる。

心得 10

「ミッション」「ビジョン」「バリュー」を具体的な行動につなげる

「ミッション」「ビジョン」「バリュー」が明らかになっても、やはり日々の行動に落とし込まれなければ、ただの空念仏になってしまいます。ですから、具体的な自分の言動と「ミッション」「ビジョン」「バリュー」を結びつけていかなければいけません。

なぜなら、「ミッション」「ビジョン」「バリュー」は大切なことや価値を文章化したものであるため、抽象度が高いからです。しかし、抽象度が高いが故に、具体的には無限と言って良いくらい、多くの行動に落とし込むことができます。

たとえば、生物で考えると、哺乳類から鳥類、ハ虫類、両生類、昆虫など様々に分類され、さらに哺乳類にはライオンやゾウ、キリン、イヌなど多くの種類がおり、イヌといっても柴犬、マルチーズ、ドーベルマンなどたくさんの犬種がいます。

この場合、生物は抽象度が高く、各犬種は抽象度が低く具体的と考えられますが、抽象度が高い位置から見れば見るほど裾野は広がり、該当する生物の種類は膨大になっていきます。

これと同じように、「ミッション」「ビジョン」「バリュー」は抽象度が高いため、そこに含まれる目標や施策、やること、やり方はそれこそ無数に存在します。つまり、「ミッション」「ビジョン」「バリュー」を実行に移す上で「抽象的な言葉を具体的な行動に変換する」というプロセスが必要になります。これは今までの「ミッション」「ビジョン」「バリュー」を意識していない行動を「ミッション」「ビジョン」「バリュー」に添ったものへの転換となるため、意識して考え、行動しないと、つい今までのパターンで行動をしてしまうことになります。

こうした事態を避けるには、「ミッション」「ビジョン」「バリュー」の実践においては、日常的に立ち止まり、意識して行動できているかを振り返る習慣を身につけ、またささやかなことから始めるのがポイントです。たとえば、明るい職場にしたいのであれば、いつも笑顔を意識するとか、活気ある職場にしたいなら、まず元気を出してあいさつをするとか、行動に移せば良いのです。

そうして意識をすれば誰にでもできるような小さな実践を積み重ね、継続していくことを目指します。

継続していけば、習慣となり、やがて周囲に変化が起きてきます。火が徐々に燃え移っていくように周りの人も影響を受けて同じ取り組みをしてくれるようになったならば、あなたの小さな取り組みが周りに影響を及ぼし、変化を生み出したことになります。それはあなたがささやかながら大変意味のあるリーダーシップを発揮した証と言えます。

私が年に1、2回ですが継続して行っているボランティア活動の中に、沖縄でのご遺骨収集活動があります。きっかけは、鹿児島県の知覧《ちらん》町にある「知覧特攻平和会館」を訪れた際に先の戦争で亡くなられた特別攻撃隊（特攻隊）の隊員の方々の遺書や手紙に触れたことでした。沖縄防衛のため、日本（家族や故郷）を守るために若い命を捧げた彼らの生き様（死に様）に衝撃を受けたのです。

沖縄戦では軍人だけでなく一般の方も多くが犠牲になりました。そうした方々に思いを寄せ、国を守ろうとしていただいたことに感謝し、慰霊のために私ができることは何かと考え、微力ながら遺骨収集の活動参加を続けていこうと心に決めたのです。

どこにあるかわからないご遺骨を探すために、足場の悪いジャングルのような木々の茂みに入っていき、狭い壕（土を掘って作った穴や天然の穴）に潜ってヘルメットにつけたヘッドライトで土を照らしながら、70年以上積もった土や岩盤をひたすら掘り続ける作業は、蒸し暑く、気が遠くなるような地味な作業です。

私の周りの人からは、当初「大変な活動ですね」と声をかけていただいたこともありましたが、活動に参加しようとする人はいませんでした。しかし、活動を継続しているうちに、「今度、私も参加させてください」という方が現れてきました。そうしたとき、私が大切にしている「感謝」「利他」に基づく、ささやかな実践と継続が人の心に伝わったのだと実感し、うれしくなります。

職場において自らの「ミッション」「ビジョン」「バリュー」を実践するには、具体的には行動レベルにまで分解していきます。ここで注意しなければいけないのは、分解すればするほど一つひとつの行動・取り組みからは全体像が見えにくくなり、意味がわかりにくくなってしまうことです。

つまり、自分は何のために仕事をしているのか、その目的がわからなくなりがちです。ご遺骨収集活動のときも、土砂以外何も見つからず気が遠くなる作業についやめたくなる瞬間がありますが、そんなときは自分は何のためにこの作業を行っているのか、この活動の目的に立ち戻って考えるようにしています。

一つひとつの作業が統合されてパズルのピースが埋まっていくように、最終的にどのような目標・目的に結びついていくのか、常に全体像を意識しておくことは、モチベーションを維持して作業を継続していく上でも非常に重要になるのです。

POINT

「ミッション」「ビジョン」「バリュー」は具体的に実行に移さないと意味がない。このとき、身の周りのささやかなことの実践から始め、意識をして継続的に行う必要がある。そして、その継続が周囲に変化をもたらす。

心得11

ネガティブマインドを手放す

自らの天命に気づくこと、および「ミッション」「ビジョン」「バリュー」を明らかにすることの重要性を説いたのが「心得8」「心得9」ですが、「それは理想論だ」とか「どうせ自分にはできない」と思う人もいるでしょう。また、明らかにすることができたとしても、いざ具体的に実践し始めても長続きせず、途中でやめてしまう人もいることと思います。

そうしたときは、ネガティブな様々な考えが頭に浮かんでくるものです。そして、行き着くところ、できない理由をいくつも探して自分ができないことを納得しようとします。

ここで大切なことは、「心得7」でも触れましたが、ネガティブマインドというのは結局、捉え方・解釈の仕方であって、手放すことができるということです。

ある出来事に遭遇したとき、その人がその出来事に対してそのときに選んだ「解釈」は、その後のパフォーマンスに大きく影響することがあります。

図表4　どの解釈があなたのより良いパフォーマンスを引き出すか？

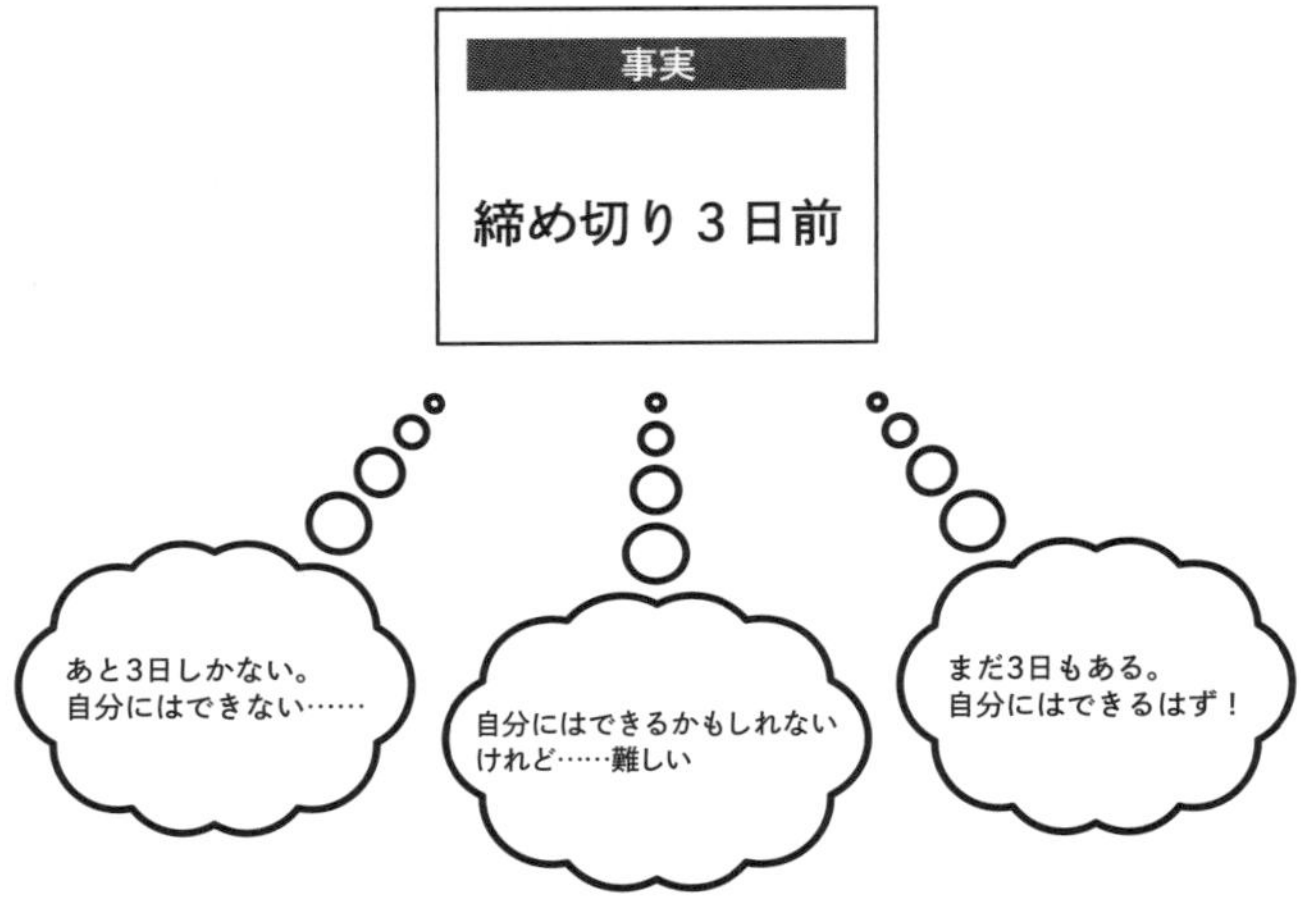
事実
締め切り３日前
あと3日しかない。
自分にはできない……
自分にはできるかもしれない
けれど……難しい
まだ3日もある。
自分にはできるはず！

たとえば、営業の締め切りまで3日というとき、「あと3日しかない…」と捉える人もいれば、「まだ3日もある！」と解釈する人もいます（図表4）。様々な困難な状況に直面したとき、「自分は不運だ」となるところをネガティブマインドを手放して、「いい勉強をさせてもらっている」と捉えてみることもできます。

難関な課題に挑むときや何か新しいことを身につけるとき、不慣れなことを行うときなど、「難しい」と口癖のように言う人がいます。そうしたとき、ちょっと意識して自分の体の状態に注意してみてください。「難しい」と思い、口に出したその瞬間にエネルギーがあふれて体が元気で活き活きとした感じがするでしょうか？　それとも逆に体が重く、心が晴れないような感じがするでしょうか？

おそらく後者の人が大半だと思います。このような状態で仕事に取り組んだとしても、プラスの成果を上げることが難しいのは明らかです。

できるだけ良い気分で取り組めるように解釈を変えてみる。自分の中から出てくる「言葉」を変えてみるのです。

発する言葉によって、自分のマインドや体にどのような反応が起きるのかを観察してみます。やる気が湧いてきたり、集中力が持続するのはどのような言葉でしょうか？

難しい仕事や初めてのこと、慣れていないことを行うときに、その解釈・意味づけを変えてみる。たとえば「初めてのことだからワクワクする仕事」「自分の成長につながるかもしれない挑戦的な仕事」などのポジティブな言葉に変えてみたとき、自分の内側にどのような反応が起きるか、観察してみましょう。

ネガティブな反応は大抵の場合、自動的に起こる反応ですから、自分がネガティブな反応をしているときに、一旦立ち止まり、解釈変更を行います。

自分にとって望ましい言葉は、自分で選ぶことができます。なぜなら、それは「解釈」だからです。ある出来事についてどのような解釈をするかは、自分で選んでいるのです。そして、解釈は後づけのものですから変えることができます。望む未来を手に入れるためには、日々自分がポジティブになれる解釈を選択し、言葉を発するように心がけ、習慣化していくことが大切です。

POINT

ネガティブマインドは、捉え方や解釈の仕方にすぎない。たいていはポジティブな言葉に置き換えて発することで手放すことができる。自分の望む行動・成果につながる言葉を選べるように習慣化しよう。

心得12

自分の心の機能を知る

自動的に行われる自らの内側の解釈や反応にさらに深いところで影響を与えているものに「心の機能」があると言われています。自分の心の機能にパターンがあるならば、どのようなパターンなのかを知ることは、己を知り、自分の〝在り方〟を見直すことに役立ちます。

心の機能を分類、体系化した20世紀を代表する心理学者、精神科医の一人にカール・グスタフ・ユングがいます。

ユングが提唱した「分析心理学」における心のタイプ論は、現在では世界中の多くの企業で導入されている心理学的タイプ論として、自己理解や他者理解、チームや組織開発のツールとして広く活用されています。

図表5　4つの心理機能と2つのエネルギーの向き

<table>
<tr><td>〈感覚〉
五感から事実を情報として取り入れる</td><td>〈思考〉
因果関係や論理を基に結論を導く</td></tr>
<tr><td>〈直観〉
物事の関連性やイメージ、全体像に焦点を合わせて情報を取り入れる</td><td>〈感情〉
自分や他者の価値観や感情に照らして結論を導く</td></tr>
<tr><td colspan="2">〈外向・内向〉
エネルギーの向き
上記心理機能を外界・内界でも用いる</td></tr>
</table>

4つの機能×２つのエネルギーの向き＝8タイプ

※『ユング心理学入門』（河合隼人著／岩波現代文庫）を基に著者がアレンジ

ユングのタイプ論では、人の根本的な心理機能を「感覚」「直観」「思考」「感情」の4つに分類し、さらに関心や興味といった心のエネルギーの向きが外界に向けられるか、内界に向けられるかで「外向型」と「内向型」に分類しています（図表5）。

そして、それらの組み合わせでタイプが生成されますが、タイプに分類することが目的ではなく、その枠組みを一つの目安として自己を深く理解することを主眼に置いたものです。ここではその心的機能の働きに誰もが生来的に偏りが生じるとされ、その他の機能も必要なときに適切な機能を適切に使えるかを考えることで、自分の陥りやすい傾向を把握することができ、自己理解や他者理解、コミュニケーションやストレスコントロールなどにも役立てることができます。

POINT

自動的に行われる解釈や反応に影響を与えているものに心の機能がある。自分の心の機能にどのような偏りがあるのかを知ることは、己を知り、自分の〝在り方〟を見直すことに役立つ。

心得13

「人は一生成長し続ける」と信じる

最新の脳科学では、人間の脳神経は80歳を超えても伸び続けることがわかっています。知能に関しても、「自分はできる」と思っている人ほど伸び、「自分にはできない」と思っている人は本当にできなくなってしまうようです。

実際、「年齢とともに記憶力は衰える」という講義を受けてから記憶力テストを行うという実験では、本来は年齢の影響を受けるはずのないテストにも関わらず、被験者の成績が悪くなるという結果が出たといいます。「できない」という思い込みは、人の持つ本来の能力まで低下させてしまう力があるのです。

スタンフォード大学の心理学教授であるキャロル・S・ドゥエック氏が提唱する心理学の概念に「グロース・マインドセット」と「フィックス・マインドセット」というものが

あります。

マインドセットとは、心の在り方、物の見方、考え方です。グロースとは「しなやかで伸ばすことができる」という意味、フィックスは「硬直した、固定的で変わらない」といった意味に解釈されます。

グロース・マインドセットでは「人間は生涯成長し続ける存在だ」と考えます。一方、フィックス・マインドセットでは「人は変わることはできない」「大人になると成長することはできない」と考えます。

もちろん、私はグロース・マインドセットの立場をとり、リーダーであればチームメンバーの成長をどこまでも信じて、「決してあきらめない」というスタンスや信念が大切だと考えています。

私自身、人生が上り調子のときもあれば、下り坂のときもありました。社会人となった1年目に営業成績で新人賞を獲得したものの、３年目には平均的な成績になってしまったこともありました。独立して自分の会社を立ち上げ、順調に業績を伸ばしていたときもあれば、人間関係が悪くなって内部分裂が起こり部下が去って行ったこともありました。経済的なゆとりを手に入れることができたかと思えば、あっという間に資金繰りに苦しむ日々を過ごした数年間もありました。

人生では、成功（と思われた）状態をひとつ手に入れても、やがて下り坂に入り、その次には挫折を味わうこともあります。そうした繰り返しの先に、病や老いがあり、いずれ誰もが人生の時間切れ・終焉を迎えます。

「インド独立の父」と言われるマハトマ・ガンジーが遺した言葉に、「明日死ぬが如く生きろ。永遠に生きるが如く学べ」というものがあります。人生には浮き沈みがある中で、成果に振り回されることなく、長い人生で何が大切かを深く考えさせられます。

もちろん結果は大切ですが、私はそれ以上にプロセスが大切だと考えています。「過去‐現在‐未来」と進むこの世の時間軸では、一瞬一瞬のプロセス自体を結果と考えることもでき、まさにプロセスの積み重ねが結果であり、今この瞬間を大切にして精一杯に生き、今日一日の成長とプロセスを味わい、よろこび、感謝することこそが大切なのではないかと思うのです。

以前、あるオリンピックの柔道の金メダリストに直接インタビューする機会がありました。

「やはり金メダルを目指して、日々の練習に打ち込んでこられたのですか？」という私の問いかけに、その方は次のように答えました。

「いえ、ただひたすら毎日、誰にも負けないくらい練習することだけを意識してきました」

てっきり「金メダルは子どもの頃からの夢でした」という答えを予想していた私は、その意外な返事に驚きました。

ゴールに辿り着ける保証などなくとも、この一瞬を最高に集中して充実したものにする。職場で精一杯、仕事に打ち込むことはできるはずです。結果は不出来なときもあるけれど、修正して改善していく中に日々、成長があるはずです。

リーダーは、結果ばかりでなくプロセスを大切にし、苦しいときも肯定的な意味を見出しながら進んでいくことで、リーダーとしての〝在り方〟をひとつずつ学び、仕事観や人生観も豊かなものになるよう人間力を高めていくものなのだと思います。

POINT

結果はもちろん大切だが、それ以上に大切なのはプロセスである。職場で精一杯仕事に打ち込み、修正・改善していくプロセスにこそ成長がある。その成長の積み重ねが結果へとつながる

第2章

〈他者軸〉メンバーとの関わり方を見直す

心得14

「プレーヤーとしての実務経験が豊富であっても、管理職としては素人」という自覚を持つ

多くの管理職は、これまで遂行してきた専門分野の業務で実績を上げ、それが認められた結果として管理職となっている人が大半ではないでしょうか？　もちろん例外はあるかもしれませんが、大抵は営業部門であれば営業部門の管理職へ、開発部門であれば開発部門の課長職へと、まずは昇進するのが一般的です。

一般的に業務のパフォーマンスを見る上で簡単に、次の３つのレベルに分けることができます（図表６）。

- **基礎的な知識を習得し始めたばかりの「基本レベル」**
- **基本的なことからさらに応用的なことができる「応用レベル」**
- **その業務を一人でこなし、任せても問題ない「習熟レベル」**

図表6 仕事のスキルの3つのレベル

基本レベル	その分野・専門性に関して知識やスキルは低く、様々な経験や指導が必要な段階	守破離の守 基本を守り、まねるレベル
応用レベル	一通り自分で業務をこなせ、様々な方法を考え、試し、応用も効くレベル	守破離の破 基本を破り、アレンジできるレベル
習熟レベル	その業務に精通し、どんな問題でも自分が主体となって問題解決できるレベル。後進の指導も行える	守破離の離 自分流を確立したレベル

守破離とは、武道や茶道、芸術などにおける修行の理想的なプロセスを3段階で示したもの。

一般的に、自分がこれまで携わってきた営業や開発、人事、総務、経理、制作などの専門分野で「習熟レベル」まで到達した人がその部署で管理職になり、時にはプレーヤーとしての実務をこなしながらマネジメントもする「プレイングマネジャー」のポジションに就くことも多いでしょう。

いずれにせよ、管理職になれば部下を率いてチームとしての成果を作ることを求められます。その仕事の中には、部下の「業務管理」だけでなく、部下の「育成」も含まれます。

ここで問題となるのは、管理職・リーダーが業務においてはこれまでの経験から「習熟レベル」で部下の業務管理については経験がそのまま役に立ちますが、部下育成に関しては「素人であり基本レベルである」という点です。つまり、プレーヤーとしての実務経験とは異なる「部下育成のための専門的なスキル」が必要不可欠となってきます。

中には部下の指導や育成を「我流」で上手くやれる場合もあるでしょう。しかし、それはその人が独自に培ってきた指導・育成スキルや人間的な魅力でたまたま上手くいっている比較的少ないケースで、実際は「部下をどのように指導し、育てたらいいのか知識がない」「何を目指していけばいいのかわからない」という管理職やリーダーの声はあとを絶ちません。

人材育成の悩みの原因の一つに、管理職が体系だった部下の育成理論やスキルに関して学び体得する場が少ないことが挙げられます。管理職研修があっても、せいぜい年に一回一日の座学程度のものが多く、〝学ぶ環境〟が不足している状態では、管理職としての能力向上はなかなか望めません。

体系だった部下の育成理論や知識すらないまま管理職に就いた上司の苦労を見て、「将来は管理職になりたくない」と若い部下たちも思いかねません。そういった組織では、後進の育成は遅れ、やがては任せられる人材やリーダーも不足するといった悪循環が起きやすくなります。

管理職としてはさらには、会社全体の戦略を踏まえて部門のビジネスモデルを構築したり、組織が抱える本質的な問題を解決したり、将来を見据えて組織の変革を行うなど、部下を持たないプレーヤー時代のスキルとはまったく異なる、組織に関わるスキルも必要になってきます。

いずれにせよ、管理職やリーダーになったなら、まずは今までの自分の実績は脇に置いて、「自分は部下育成の素人である」という自覚を持つことが大切です。

POINT

管理職やリーダーになって部下指導や育成がうまく行かないときは、これまでの専門分野におけるプレーヤーとしての自信は脇において、「部下育成に関して自分は素人である」という自覚を持つことから始める。

心得15

まずは部下との信頼関係を築くことから始める

管理職の方から時々、「部下の本音がわからない」という話を耳にします。「じゃあ、部下から本音を聞いてみたらいいじゃないですか」と言うと、「本当のことを話してくれないような気がする」という返事が返ってきました。

なぜ、部下が本当のことを言ってくれないのでしょうか。その理由として、上司と部下との間に安心して何でも言える信頼関係を築けていないことが挙げられます。

たとえば、常日頃部下に次のような態度をとっていないでしょうか。

・部下に成果や業績達成のみを求め、プロセスを見ない。
・部下のダメな点、足りない点ばかりを見て追及する。ダメ出しばかりする。
・部下のがんばっている点、良い点を承認していない。

・そもそも部下のがんばっている点、良い点が見えていない、見ようとしない。

など

このような態度では、部下は「結果しか評価されない。頑張りは認めてもらえない」と感じ、積極的な発言は影を潜め、また自己肯定感が下がって自信喪失に陥ったり、さらには「上司から信頼されていない自分の居場所はここではない。いずれ切り捨てられるのではないか」という不安と不信感が渦巻くこともあります。そもそも上司は部下の査定評価者であり、なおさら自分の弱音や本音は言いにくいものです。

上司との信頼関係がないと部下は安心して仕事に取り組めません。また、後ろ盾もなく、挑戦する姿勢は当然望めないでしょう。信頼関係を作るためには、部下の頑張りや取り組み姿勢を承認し、時に勇気づけをして背中を後押しすることも必要です。そして部下の行動の奥にある大切にしている価値観や考え方を知り、それらも受け入れ尊重することです。部下が安心して本音で話すことができる安全な関係を作ることが先決なのです。

成果や行動といった表面にばかり注意を向けるのではなく、行動や表面に出にくい相手の内面に意識を向けることが大切です。部下の心の状態や感じていること、考えていることとに関心を持ち、あるがままをまずは丸ごと受け止め、条件反射的に批評、批判モードに入らないよう心がけましょう（図表7）。

また、信頼関係がないと指示やアドバイスは効果的に機能しません。部下が「はい、わかりました」と口では答えてもなかなか効果が表れないのは、部下は内心で「わかってはいる。でも上手くいかない」「上手くできないから困っているのに、同じことを言われてもどうしたらいいかわからない」と思ったりしているからです。

また、うわべでは「はい」と答えながら、内心は意に背いて反発し、まったく行動へ移さない「面従腹背《めんじゅうふくはい》」に陥っているときもあります。

以前、私が支援したある中小企業でのことですが、幹部会議では参加者全員が「はい」と答えているにも関わらず、望んでいる成果にまったく結びついていないという悩みについての相談がありました。これはトップダウンの組織によくあるパターンです。

そこで私が支援に入ったときに最初に実行したのは、「全員が安心して発言できる会議」の場作りでした。その場ができた後は、参加者全員が何でも言い合えるボトムアップの環境へと変わり、面従腹背がなくなりました。

図表７　成果は"在り方"から生まれるものである。

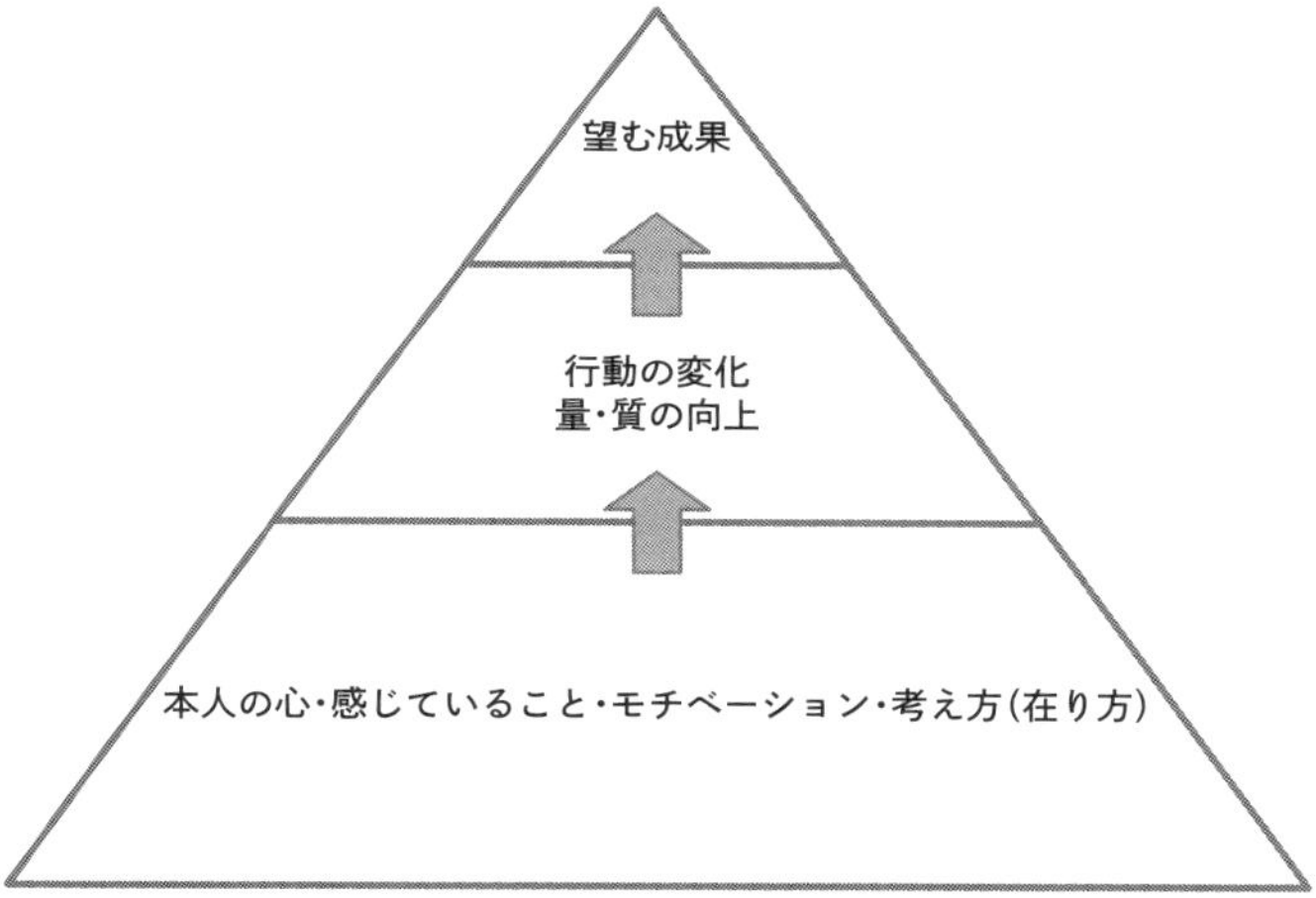

指導やアドバイス、会議運営など、コミュニケーションが発生する場面では、すべては信頼関係があって機能します。安心、安全な場を作ることが第一のスタートです。

信頼関係が弱い職場をそのまま放置しておくと、職場にまとまりがなくなり、連携不足からさらに相互不信が募り、活気が失われ重苦しい職場となっていきます。当然モチベーションは低く、個々がせっかく持っている得意なことや優れた能力やスキルも活かされず、業務の非効率を生み、ハードワークなどと合わさって、心を病むメンタルヘルス問題にも発展しがちです。

また、「会社のためになんてやってられない」と利己的で個人主義的な傾向が助長されると、仕事は「お金を稼ぐためだけにがんばる」といった部下やメンバーも出てきます（最初からその目的の人材もいますが）。それでは個人プレーが主となり、互いに助け合うといった信頼関係で結ばれた職場にはならず、「自分だけが良ければそれでいい」という殺伐《さつばつ》としたものにもなりかねません。

そのような職場だと、管理職の業務は前向きな仕事より、メンバー同士の間に立って対立の解消や調整をしたり、穴埋めやフォローに追われることになります。

相手の感じていること、深いところの価値観や人生観を語り合い尊重し、まずは部下と何でも本音を言い合える信頼関係を作ることが最初の一歩として大切です。

POINT

部下とリーダーの間で大切なものは、何よりも信頼関係。部下との間に安心して何でも言える信頼関係を構築できていないと、コミュニケーションは効果的に機能しない。そのためには部下の言うことをまずは一旦受け止めることである。

心得16

「管理職が自ら「自己開示」を行い、フィードバックをもらう」

部下の本音が聞きたいとき、最初にすべきことは何でしょうか。

相手の本音を聞きたいのであれば、先にあなたが「本音で接する」ことです。つまり、腹に何かを隠し持つのではなく、正直でいることです。上司の考えや本音がよくわからない状態で、部下も自己開示することに不安を感じるのも無理はありません。

一般的に、本音がよくわからない相手に対してわざわざリスクを冒してまで本音を言わないのは当然のことです。誤解のないように言うと、本音で接するとは「組織の機密情報など何でもかんでも話してください」という意味ではありません。立場上、どうしても言えないこともあるのは当然で、ここでいう本音で接するとは、あなたの「人となりをオープンにして接する」ということです。

あなたが人として、普段から大切にしている価値観や考え方、人生哲学、思いなどを伝えることです。

自己開示した後は、「今のことに関してはどう感じた？　どう考えた？　あなたの感想や考えを聞きたい」と部下からフィードバックをもらうことも重要です。フィードバックをもらうことによって「あなたが部下の目にどのように映っているか」を知ることができます。相手の反応や感想には、好意的なものもあれば、批判的なものもあるでしょう。

そのことを恐れる必要はありません。なぜなら正しいか正しくないかは別問題だからです。部下のフィードバックを通じて、自分への見方や部下の考え方がわかることが大切です。自己開示をして、自分の考えや価値観を伝え、相手の反応を見ることによって、相手の指向や価値観、また自分との距離感などがわかってきます。

そうして得た「気づき」から、自分自身が変えたほうがいい部分が見えてくるかもしれません。上司も一人の人間です。求められるすべての能力やスキルが高得点の、いわゆる「完璧な」上司などいません。自分自身に関して自らが見えてない点、気づかなかったところをフィードバックしてもらうことで、自分の部下への指導の効果性や職場で上手くいっていない原因がわかることもあります。

私の恩師であり、武道・私塾を通じて青少年から社会人まで50年以上の指導・育成実績のある有馬正能先生は、「〝教えること〟は〝教えられること〟である」と指導者に対する訓戒をよく口にされます。

そういう意味でも、部下からのフィードバックを得られるというのは、非常に有益な機会になります。それができる場を作る＝信頼関係を構築することが重要なのです。

ただし、上司はプライドが邪魔をすると耳当たりの良いプラスのフィードバックを求め、改善視点のフィードバックをもらうことが不足しがちとなります。部下のフィードバックが正しいかどうかではなく、自ら部下にどのように見られているかを知っておくことが肝心なのです。

POINT

部下が初めから本音を言うことは滅多にない。まずリーダーが自己開示して、自分の考えや価値観を伝え、部下からフィードバックを得ることによって、部下との距離感や自分の影響力、効果性などを考える材料をもらう。

心得 17

自分の心と言葉と行動を一致させる

自己開示する際に気をつけておくことがあります。それは、ここでもあなたの「言葉」と「あなた」が「一致していること」です。

上司として、もっともらしくうわべだけを取り繕《つくろ》って話したり、上層部から言われた内容を咀嚼《そしゃく》しないまま伝えても、部下の心には響きません。

仮に言葉だけを繕ったとしても、あなたの本意でなければ相手は必ず違和感を持つものです。何を言おうが「あなた」が伝わります。内面と言葉が一致していなければ、あなたの言葉は相手に雑音が混じったものとして感じ取られるのです。だから相手の心は動かないのです。仮にそのときはやり過ごせたとしても、いずれその不一致は積み重なって部下の心に明確になり始めます。「言っていることと行動が違う人だなぁ」という具合に。

上っ面で「あの人は口では綺麗ごとを言うが、考えていることや、やっていることは別だ」と思われるようなリーダーでは、人は信じてついてこないでしょう。雑音のない誠実な言葉を届けるには、発する言葉とあなたの思いや振る舞いを一致させないと、伝えたいことは伝わりません。

このことに関して、文明論や大和《やまと》言葉、中国思想を基に「綜学《そうがく》」を提唱し、全国で政治家・経営者・リーダーを育成されている林英臣《ひでおみ》先生は、著書『縄文のコトダマ』（博進堂）の中で、次のように述べられています。

「誠は、言うが成るから「誠」です。新撰組が使った「誠」という字です。また、「真言」と書いて「まこと」になります。つまり、真実の言葉です。さらに「真事」と書いて、「まこと」と訓《よ》みます。これは、真に起こる事実という意味です。あるいは、人の言葉である「信」を「まこと」と古事記では訓んでいます。即ち、「事実言った通りに成る」「約束が守られる」、だから「まこと」と言えるのです。

私たちはどれだけ本当のことを言って実行しているでしょうか。

言葉を発するときは、次のように自分に問いかけてみましょう。

・本音で話しているか。
・本当のことを言っているか。
・言っていることと日常の行動が一致しているか。
・日々、自らを振り返り言行一致を心がけているか。

これらを実践するのはなかなか難しいと思うかもしれません。しかし、これこそがリーダーに必要な〝在り方〟で探求すべき道、いや「人」が探究すべき道だと昔から言われてきたことです。古くから「誠は天の道なり。これを誠にするは人の道なり」と言われています。意味は「人は誠実に生きることが真理（天の理）であり、人の道である」ということでしょう。〝信用第一〟ということですね。

言葉と心と行動の一致感が増したとき、相手の心に自分の誠意が届き、相手はそれを感じ動き始めます。つまり、そこに大なり小なり感動が生じ、信頼関係が増します。

儒教の始祖である孔子の思想の伝承者、孟子の言葉に次のようなものがあります。

「至誠にして動かされざる者は未だ之れ有ざるなり」

誠に到達して動かされなかったものは未だに見たことがない、という意味です。つまり、誠心誠意を尽くせば必ず人の心に届き、影響を及ぼすことになる、ということです。

日本の歴史を紐解くと、実業界で成功した人たちには至誠の偉人がけっこういました。特に現代でいう「ビジョナリー」（先見の明のある人）で利他的リーダーといえば、明治時代に士魂商才《しこんしょうさい》（武士の精神と商人の才能で世に貢献すること）を実業の世界で実践し、近代日本の資本主義を設計したと言われる渋沢栄一や、大家族主義・人間尊重の経営を貫いた出光佐三、「結局最後に人を動かすものは誠実さであり、誠実さが指導者の条件」と説いた松下幸之助をはじめ、そのような偉人はたくさん挙げられます。

また、幕末の志士である西郷隆盛や吉田松陰らの座右の言葉として「至誠」が語られています。西郷隆盛は『南洲翁遺訓《なんしゅうおういくん》』で「人を相手にせず天を相手にせよ。天を相手にして己を尽くし人を咎めず我が誠のたらざるを尋ぬべし」と言っています。

私たちもこれら至誠の人たちの背中を見ながら、人々に感動を与えるレベルの誠実な〝あり方〟で振る舞い、仕事を通じて人々に感動を与え貢献する、そんな領域に一歩でも近づきたいものです。

POINT

「言行一致」「誠」であることがリーダーの大前提。うわべだけで実行が伴わない言行不一致・不誠実さはすぐに部下に見抜かれてしまう。難しいことであるが、これこそがリーダーが探求すべき〝在り方〟であり、日々の積み重ねが大切である。

心得18

相手をコントロールしようとしてはいけない

相手に自分を理解・納得してもらうのが難しいとき、ついやってしまいがちなことが相手を自分の意に添うよう、小手先でコントロールしようとすることです。

地位や権力を利用して抑え込めば、確かにそのときは部下も従うかもしれません。しかし、もしそれが立場上従っているだけであれば、本人には心の奥底からの納得感がなく、真の本気さや主体性は立ち上がりません。また、そこまで押さえ込むような露骨さがなくても、上司が部下を意に添うよう誘導しようとすることもあります。

問題は、腑に落ちていないけれど、やらねばならないから、とにかくやっている。部下だから、組織人だから、雇われだからやる、という「やらされ感」の状態です。

このようなやらされ感で部下が仕事をすると、最悪の場合、アイデアや意見を言わなくなり、イエスマンを量産し、創造性の生まれない職場になっていきます。結果的に、管理職や経営者は「みんな意見を言わない、工夫しない」と嘆くことになりますが、そういう状況を作り出しているのは、じつは管理職や上司自身だということに気づかねばなりません。

たとえば、上位方針についてあなたが共鳴していなければ、部下の心に響かせることはできません。上から降りてきた方針を納得しないまま部下に伝えれば、部下から「それは、どうしてですか?」と質問されても、「上が言っていることだから」などと答えるしかありません。これでは会社の上位方針が下まで響くことはないでしょう。

私は若い頃、会社から地方転勤を言い渡されたことがありました。上司は「君のためだから」の一点張りでした。転勤がなぜ自分のためになるのか、納得のいく説明は一切なく、こちらの気持ちや希望をまったく聞き入れてもらえなかったことを思い出します。今振り返れば、上司もその上司から言われるがままで、大した理由がなかったのかもしれません。

もう一つ気をつけたいことが「自利」と「利他」のことです。スティーブン・R・コヴィーの世界的なベストセラー『7つの習慣』（キングベアー出版）で使われて有名になった「ウィン・ウィン」（Win-Win）という言葉が、今ではビジネスの現場で当たり前に使われるようになりました。

「自分のため」と「他者のため」の２つが「同時に実現することを目指しましょう」という考え方です。この考え方自体は良いのですが、どちらを優先するのか、また自利を優先しているにもかかわらず利他の振舞いを行うと、信頼関係づくりにはかえってマイナスとなります。

たとえば相手に話をするとき、発する言葉とは別の意図を持つ人がいます。別の意図というのは、目的は「みんなのため」「社会のため」と表向きでは言いながら、本心は「自分のため」「自利が最優先している」ことです。よく部下から「あの人は、人の使い方が上手い」「やり方が上手い」と時に皮肉っぽく言われる管理職やリーダーのことです。

人間ですから、自らの利益を優先する気持ちを否定するつもりはありません。しかし、綺麗ごとを前面に押し出しておきながら、本音では自利の比重が多いと、受け止める側には誠実さは感じられません。時には「利用された」と感じます。

松下幸之助は著書『指導者の条件』の中で次のように述べています。

「少なくとも指導者である以上は、自分のことを考えるのは四分、あとの六分は全体のこと、他人のことを考えるようでなくてはならないと思う」

「少なくとも」ということを踏まえると、思うにポジションが高い人ほど責任も大きく「利他と無私」の比重を上げていかなければなりません。そうでなければ、部下たちは最終的には「自分は結局、あの人の自利のために働いているのか。やってられない」となりかねません。

前にも述べましたが、意図を別に隠し持てば、その雑音は必ず相手に伝わります。言葉で何を言おうと「あなた」が伝わります。言葉と意図を一致させることが信頼のもとになります。そして、その意図自体を「利他」優先にします。

リーダーは部下を力で抑え込んだり、ごまかしてコントロールすることよりも、意図から誠実に、そしてビジョナリーである必要があります。ビジョナリーとは、多くの人が賛同する理想の未来を描くことができることです。

以前、私が支援させていただいた中小企業向けのチーム開発では、長年先代が掲げてきた理念を元に経営をされていました。しかし、その理念と毎年の目標設定がほとんど意識の中ではつながっていませんでした。そのため、数字を毎年アップすることが目的となり、半ば強制感を持ちながら経営幹部も部下たちも必死の形相で毎年苦しい思いをして数字を追いかけていました。

そこで、一連のプロセスの中で経営幹部チームとしてビジョン策定を行ってもらいました。そのときに、チームメンバーの部長の一人が次のように目を輝かせて言いました。

「なぜ売上数字を毎年増加させないといけないのか、何のために数字を追うのかの意味が今までわかっていませんでした。でも、やっとこのビジョンを実現させるために数字を追っているということが腑に落ちました。」

今では幹部で作ったビジョンを全社に共有し、社内の空気が大きく変わったとのことです。

会社の方針と理念がどのようにつながり、どんな未来や理想像につながっていくのかが見えたほうが、社員のモチベーションが上がります。単に「世の中の流れがそうだから」

とか「以前からずっとそうしていたから」といった言葉で部下をコントロールしようとするのではなく、利他を優先し、自らが納得・腑に落ちたビジョンを掲げて提案し、部下たちがよろこんであなたについてくるようになれば、モチベーションやパフォーマンスの高いチームが形成されていきます。

POINT

部下を自分の意のままにコントロールしようとしてはいけない。ビジョンを掲げ、部下がよろこんでついてくるようにすることで、モチベーションやパフォーマンスの高いチームを形成することができる。

心得 19

強い有能感が邪魔になる

一般的に有能感は心を支える自信として役に立つものです。そして自信は行動を支え、チャレンジを促進し、部下から見れば果敢に挑戦する自信あふれるリーダーとして大変頼りにもなります。しかし、時にその有能感は無意識に相手を見下すことにつながります。

管理職になった人の多くは、紆余曲折を経ながらも経験や実績を認められて管理職まで辿りつけた人たちです。それまでの道のりにおいて、プレーヤーとしての成功体験や自分なりの勝ちパターンを手に入れている人が多いのも事実です。

営業ならこうするとか、開発ならこのようにプロジェクトを進めていくなど、自分なりのノウハウや対応の仕方を持っているものです。

そのような人が管理職となり、現場で働く部下を見て、「どうしてできないのだろう」「なぜ成果を作れるように工夫をしないのだろう」「そんなやり方では無理に決まっている」と苛立ち、自分が求める基準に到達していない人をつい下に見てしまうことがあります。そこでよくありがちなのは、「部下には任せておけない」という思いから、自分のやり方を押しつけてやらせることです。

しかし部下は、言われた通りに対応できないこともままあります。仮に言われた通りにできたとしても、自発性が育まれにくい状況を作ってしまいます。すると自発的にならない部下に対して、さらに「なぜ自発的になってくれないのか」と相手の欠けている点ばかりが目につくようになります。

あなたのやり方は、部下の参考になることもあるでしょう。しかし、部下とあなたは個性も能力も違います。状況も違えば、時代も違い、あくまでもあなたのアドバイスややり方は参考レベルでしかありません。

管理職がすべき仕事は、部下の個性に合った勝ちパターンを作らせてあげることです。部下に任せるということは、失敗したときのリスクをあなたが背負うことになりますから、腰が引けてしまう気持ちもよくわかります。しかし、あなたの指示がないと動けない部下を作ってしまえば、いつまでたっても部下に仕事を任せることができず、あなたも次のレベルの仕事ができないままです。

「業務遂行」「業務改善」「部下育成」というこれらすべてが求められる立場の管理職としての責任を果たしていない上司に、「君が悪いんだ！」と〝他責〟で見下され、「できが悪い」というラベルを貼られた部下はたまったものではありません。

管理職は、部下が部下なりのやり方を発見し、課題を乗り越え、その経験を通じて成長していく支援を行うのも仕事です。そして、部下を見下すのではなく、部下は常に「成長する存在である」と信じて接することが大切です。

前章でも触れた「人はいつまでも成長するものである」という心得は、部下育成のプロであるべき管理職の基本スタンス、人間観、前提と言えるものです。

POINT

リーダーがこれまでの業務実績で積み上げた経験からくる自信・有能感は、時に部下の成長を妨げることもある。部下が部下なりのやり方で成果を上げることを支援するのが、リーダー本来の仕事である。

心得 20

「相手のほんの一部分しか知らない」という自覚を持つ

そもそも人は、事実を事実通りに認知することはできません。「事実というものは存在しない。存在するのは解釈だけである」と言ったのは、19世紀の哲学者ニーチェです。また、アドラー心理学の認知論では、「その人の世界は意識した情報がすべて」とされ、事実を客観的に把握することは不可能だとさえ言っています。

最新の脳科学によると、視覚も聴覚もすべての情報を捉えるのではなく、自動的に削除・キャンセラー機能が働くといいます。この段階で私たちは事実を事実通り捉えることは不可能で、すでに歪曲された事実を事実と信じていることがわかります（図表8）。

このような機能が脳に備わっている理由は、膨大な量の情報を脳が一度に処理過負荷になることを防ぎ、自分に必要なものだけを効率的に選んで取り入れるためだと言われています。

図表８　事実→フィルター→自分なりの事実（解釈）

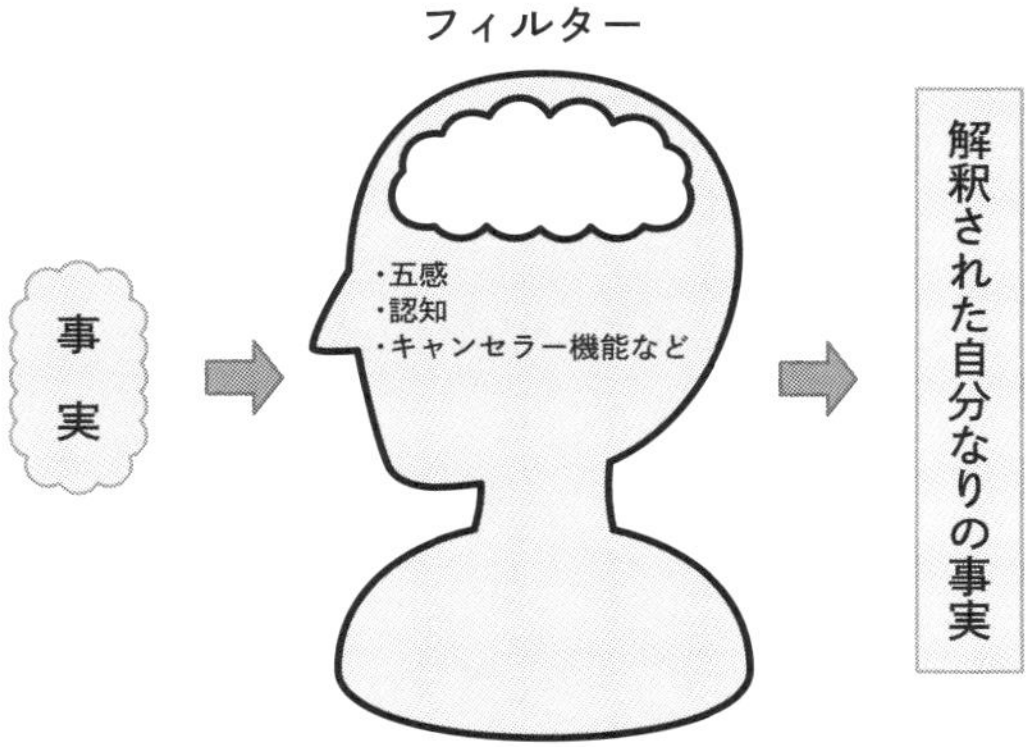

ほとんどの人は、相手の行動、意図、感情といった自分が認知したごくわずかな情報から、「彼は〇〇な人だ」「〇〇タイプだ」「〇〇の能力がある」といったラベル貼りを行いがちです。

３６５日24時間、場合によっては何年何十年もその人が経験してきた様々な経験・知見・能力や信念・価値観・個性が詰まった人であるにも関わらず、内面の複雑さと多様さを意識することなく、ごく一面を捉えて相手のことをわかったつもりになっています。

自分で勝手に「理解してくれるはずだ」とか「きっとやってくれるに違いない」などと期待し、そのようにならないときは「裏切られた」などとぼやくのはよくあることです。

ここで気づくことは、「そもそも相手のことは、ほとんど何もわかっていない」ということです。

「相手のほんの一部分しか知らない」という前提に立つことで、人に対して謙虚になり、好奇心を持って相手を知ろうとすることにもつながってきます。

POINT

人はわずかな情報で相手を判断しがちである。「自分は相手のほんの一部分しか知らない」という前提に立つことで、部下に対して謙虚になり、本気で理解しようという気持ちが芽生えてくる。

心得 21

相手が発する言葉の本質的な意味や価値を知る

あなたは、どのような価値観を持って仕事をしているでしょうか。

おそらく相手にも、あなたと同じように何かしら大切にしている価値観があるはずです。

あれもこれもと複数ある人もいれば、なかには何が大切なのかがよくわからず、意識されていない場合もあります。

あなたは、そのぼやけた輪郭を「明らかにする手伝い」をすることによって、相手のことをより深く知ることができます。

明らかにするために必要なことは「質問」です。相手の価値観「何が大切か？」を引き出すための質問の例をいくつか紹介しましょう。

・過去に、とてもモチベーションが上がったのはどんなときか？

・過去に、とてもモチベーションが下がったのはどんなときか？
・今までで「許せない」と思ったのはどんなことか？
・死ぬ間際に伝えたい言葉は？

出てきた答えに対して、それぞれの言葉の奥にある意味や価値について、さらに掘り下げて考える必要があります。

たとえば、「あるプロジェクトで成功したときに、とてもモチベーションが上がった」という話が出たとします。そこにある価値観としては「成功」かもしれませんし、もしかしたら仲間と成し遂げられたからという「協力」とか「分かち合うこと」とか、不可能と思われたことを可能にできたから「可能性」という言葉に行き当たるかもしれません。それらの事象の奥にある本人にとって大切な意味や意義まで掘り下げることが必要です。

そして、それらが明らかになったときに、まずは相手が大切にしていることを尊重することです。

あなたも自分の価値観を尊重されたらうれしいように、「まずは相手の価値観を尊重すること」です。たとえ、それが自分の価値観とは異なっていても、まずは受け止めることが大切です。

もしかしたら「仕事では無理をしたくない。自分のプライベート・余暇が第一である」といったような、上職である自分の期待とは違った価値観と思える答えが返ってくるかもしれません。しかし、ここでは決して否定、批判モードになってはいけません。

あなたにとっては「仕事は歯を食いしばってやるもの」「仕事は家庭よりも優先されるべきもの」という価値観が当たり前だったかもしれません。がむしゃら時代を経験した管理職にとっては「何を甘っちょろいことを言っているのか」とカチンとくるかもしれません。しかし、相手のその言葉の奥にある本質的な意味を考えると、「安定と平和」という肯定的なものかもしれません。安定と平和も多くの人が大切している価値です。仮にあなた自身は変化や競争が大切と思っていても「健康状態は安定していると良いな」とか、「競争して勝ちたいが、相手も幸せでいて欲しい」ということにうなずけるかもしれません。どんなことにも肯定的な意味は含まれていたり、肯定的になる状況というものはあるものです。

明らかに法律違反や社会のルールから逸脱するものは例外として、その肯定的な面を捉えてみると良いでしょう。

POINT

部下の価値観を知るためには、効果的な質問を投げかけてみることである。そして、出てきた答えに対して、その言葉の奥にある意味や価値について、さらに掘り下げて考える必要がある。

心得22

目的と目標に合意する

話し合いの場で多くの人が口にすることは、「どうしたら良いのか？」です。これは「どうする？」＝「方法」を話しているのであって、実は方法の前に明確にすべきことがあります。それは目的であり目標です。目的は目標を達成することで手に入る価値・意味・意義で、目標は到達すべき具体的な状態、です。つまり、方法を話し合う前に大切なことは「何のために？」、そして次に「どうなりたいか？」です。

この目的・目標を明確にしておかないと、いくら「どうするか？」を話し合っても、行動の先にある行く先（目標）が違ったり、実は意図したことや目的が手に入らずに話し合いや行動が無駄になったということになりかねません。

たとえば、富士山のような高い山に登るのか、それとももっと低い地元の山の一つを登るのかなど、目標によって山登りのルートや装備・準備が変わってきます。また、日本一の山に登る理由は「ナンバー1」という卓越性を大切にしたいのか、それともそのための準備としてまずは体を慣らそうと近くの山に登る、つまり「準備や訓練」を目的とするのかで目標も変わってきます。

まずは上司と部下、チームリーダーとメンバーで目的と目標を話し合い、合意してから方法論に入らないと、目指すところが違えば話は噛み合わないでしょう。

目的を話し合うときに心がけることとして、前述しましたが、まずは相手の価値観、考え、思いを尊重することです。もし、自分の目的と違っていたとしても、対立ではなく、一旦受け止め、次に「互い」に意味のある共通の目的を考えること。そして「ウィン・ウィン」の関係になるにはどうなれば良いか。それから目的の後に目標を一致させ、さらには2人だけでなく2人を取り巻く職場や組織で歓迎される目的や目標なのか、より大きな枠組みでの妥当性・整合性も考えます。

このように自分と相手との価値観、考え、思いを統合するには、それぞれが互いに視座を上げる必要があります。

以前、ある企業の支援に入ったとき、次のような対立が幹部内でありました。経営者が最優先していたのは「業績」で、一方の管理職は、働きやすさや休日取得といった「福利厚生」を重視していました。

売上・利益がないとそもそも会社は成り立たない。一方で従業員に近い立場の管理職はもっとプライベートも充実させたい（させてあげたい）。どちらもごもっともです。しかし、対立によって協力体制が作れない状態でした。

ここで重要なのは、「両者がどうなっていることが理想か？」ということです。このことを両者でよく考え話し合ってもらいました。そして出た答えは「最終的に、我々は働きがいのある職場を作りたいというのが一致した目的」というものでした。

話し合う過程で経営者は従業員の気持ちに寄り添い、そして従業員に近い管理職側も売上・利益の大切さを再認識し始めました。数字ばかりを重視しても働く人の満足が得られないこと、逆に「休日を多くしてほしい」だけだと経営が安定しないという互いの気づきがあり、業務の効率化や顧客サービス・品質の向上などをしっかり追求し、売上アップを狙いながらも業務の時短を進めるという「働き甲斐のある職場」を作ろうということで一致したのです。

人はみなそれぞれ、自分が正しいという立場に立ちやすいものです。しかし、より広く物事を見る視点や視座を持ち、双方が自分の立場だけに固執するのではなく、互いが上手くいく一致点を探すことは大切です。

一人で仕事をしているわけではありませんから、上司と部下、そしてチームの全員がベクトルを合わせることが求められます。

まずは大切にしていることを互いに明らかにし、尊重し合い、統合しようとする姿勢が求められます。そうすると、次章の「チーム軸」で述べる職場のチーム全体のベクトル合わせが可能となります。

POINT

人はみなそれぞれ、「自分が正しい」という立場に立つことが多い。しかし、自分の立場だけに固執するのではなく、より広く物事を見る視点・視野・視座を持って、互いが上手くいく一致点を探すことが大切である。

心得 23

方法やアプローチは柔軟に

目的と目標に合意したら、次にすべきことは、いよいよ「どうする？」「何を行う？」という「方法・施策」の検討です。

ここで心がけるべき点は、現在地点から目標に到達するルートと到達方法を柔軟に考える姿勢です。

上司はつい、「部下のやり方では無理、私の言うやり方を取りなさい」と押し付けがちです。これでは部下は自分の頭で考えなくなりますし、場合によってはあなたのやり方では実行できない可能性も出てきます。それはあなたの勝ちパターンであって、相手も自分も状況もタイミングもすべて違う中、部下にとって効果的な「方法施策」とは限らないからです。

図表9　方法・施策は1つだけではない

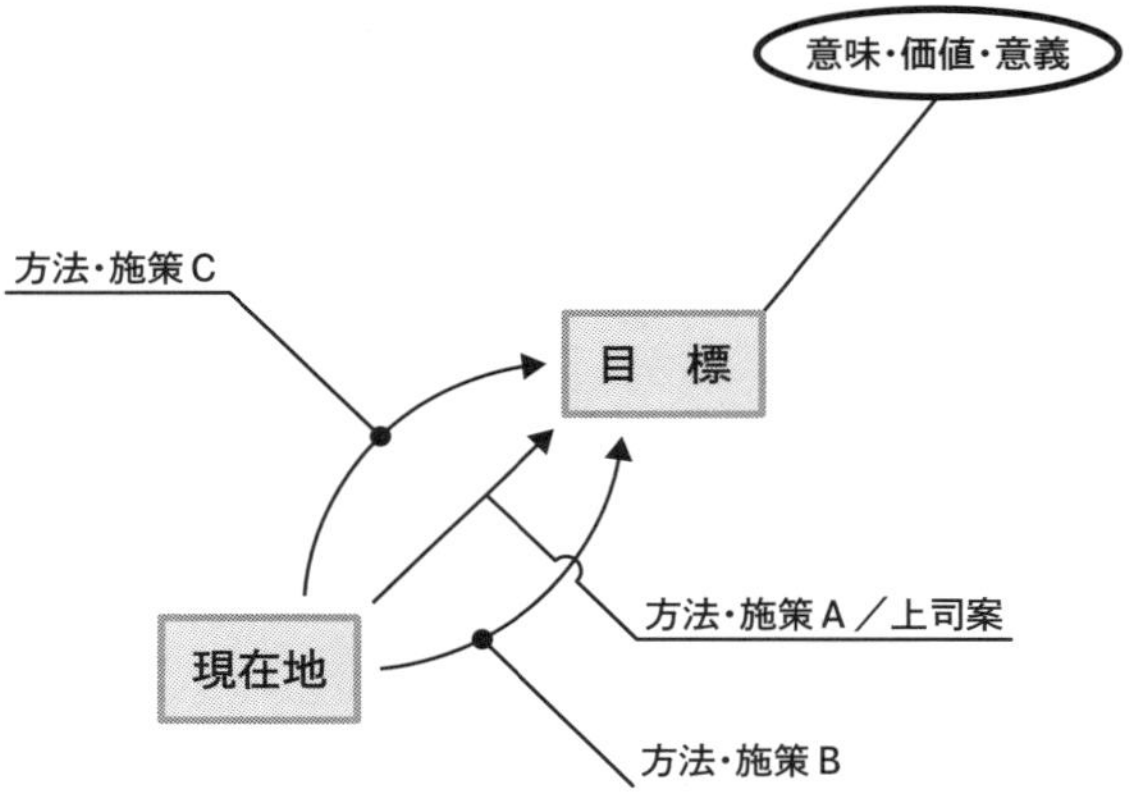

上司自身がベストと考える「方法施策」は、ワン・オブ・ゼムであって、いくつかある方法のうちの一つにすぎないという考え方は大切です（図表9）。もっと効果的で効率的な方法施策が他にあるかもしれません。別の方法施策を見つける方法の一つに「対話」形式のコミュニケーションがあります。

対話は、お互いに様々な視点を出し合い、一つの視点にしがみつかずに選択肢を増やし、全体像をつかむ話し合いの手法です。言葉を通して率直にお互いの意見・情報を出し合い、双方向のコミュニケーションを行い、目的・目標を見据えながらともに様々なルートと方策を見つ

図表10　コミュニケーションの形態と前提の考え方

コミュニケーションの形態	前提
❶トップダウン 自分の意見→部下・相手	片方(自分)が正しい
❷議論 自分の意見vs.部下・相手の意見	片方が正しい
❸対話 自分の意見も多くの視点・可能性の中の一部分として話し合う	全体観を大切にした考え方

け出していく作業です。

基本的に議論は「自分の意見と部下・相手の意見のどちらが正しいのか」といったAかBかの絞り込みとなりますが、対話では「AもBもある。それら以外のC、Dは？」と、新しい情報・選択肢を一緒に見つけ出すこともできる話し合いになります（図表10）。

対話は視野を拡げ選択肢を増やすのに、大変効果的となります。

POINT

自分がベストと考える「方法施策」は、ワン・オブ・ゼムであって、いくつかたくさんある方法のうちの一つにすぎないという考え方は大切。対話により、ヌケ・モレのない、より効果的で効率的な方法施策を見つけていこう。

心得24

部下に権限委譲をして、成長機会を作る

管理職として部下を育てていく上で権限委譲が大切です。部下自ら方法を考え実行し、その部下自身が責任を負うことは成長に大切なものです。しかし、最終的には上司が責任を取るので、何をどこまで権限委譲すれば良いのか悩ましいところです。

ここではケン・ブランチャードの状況対応型リーダーシップの考え方をご紹介します。

図表11は、あるスキルに関して縦軸に「発達度」を、横軸に「時間」をとり、一般的に時間をかけていくとそのスキルが発達していくという意味です。そして、それぞれ４つのフェーズでその発達を促進するために関わり方を変えるという考え方を表したもので、「指示」は指示・命令・アドバイス、「援助」は承認や勇気づけ・コーチングなどが含まれます。コーチングとは、アドバイスや答えを「教える」のではなく、質問を中心として本人が自ら考え、答えを見つけるための気づきや自発的行動を「引き出す」ための技術です。本人

図表11　状況対応型リーダーシップ／リーダーの4つのスタイル

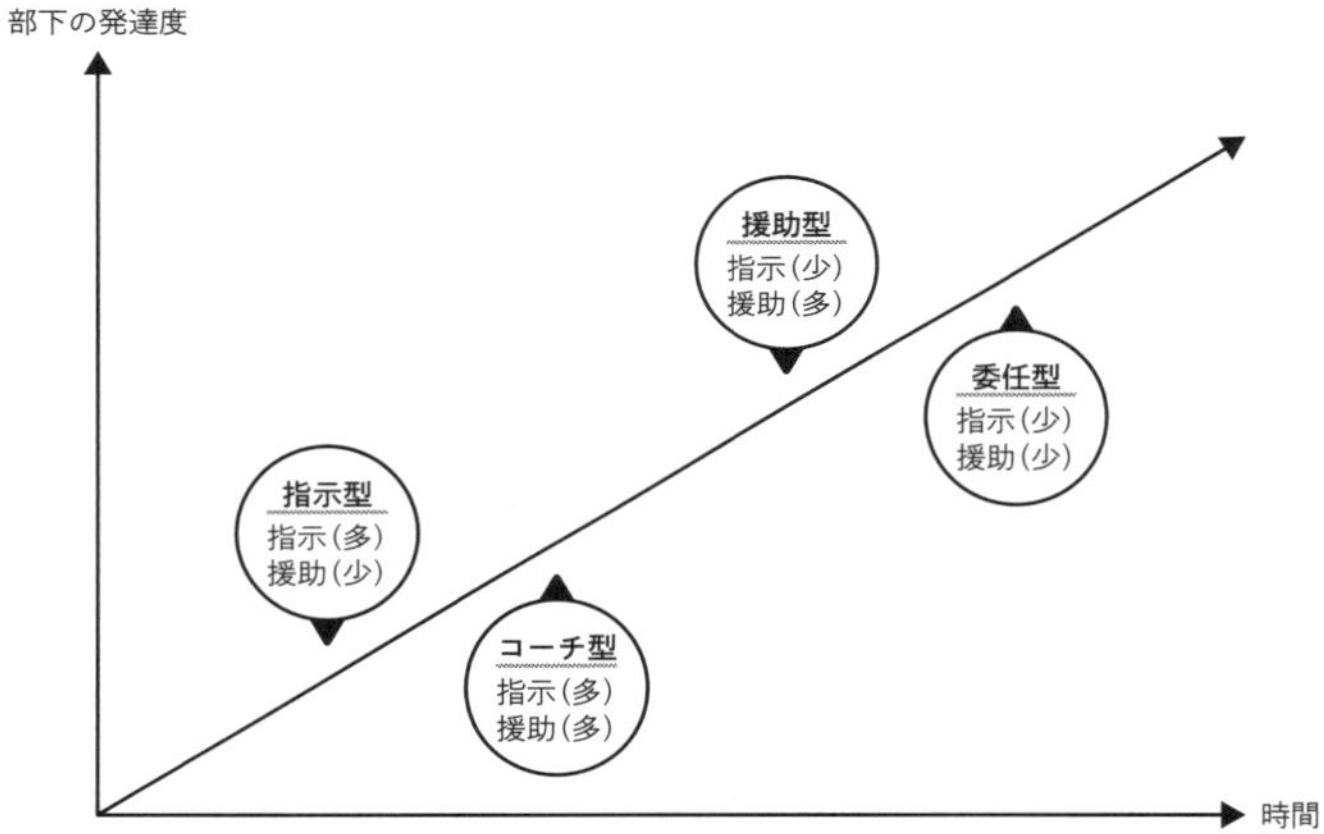

出所:『1分間リーダーシップ』(K・ブランチャード著／ダイヤモンド社)

が答えを導き出すので、やらされ感がなく、主体性が増します。

このように相手が初心レベルならば「指示型」モードで接するけれど、発達度が上がるにつれて徐々に「コーチ型」「援助型」に移っていく。そして権限委譲をさらに進め、熟達レベルになると「委任型」に入れます。

権限委譲をする際に注意する点は、同一人物でもスキルによって対応が異なること。そのためには部下の今の力を分けて考える必要があります。

たとえば、パソコンは熟達レベルだが英会話は初心レベル、開発は応用レベルだが管理職としては初心レベル、といった具合です。

部下に仕事を任せることが権限委譲ですが、権限委譲にはリスクを伴います。しかし、リスクを犯さないと部下は育たず、いつまで経ってもあなたは今のレベル以上の仕事をすることができません。

人は実際の経験を通し、立ち止まって省察する（振り返る）ことでより深く学ぶことができますから、部下に仕事を任せて経験させることは人材を育てる上では、とても重要です。

リーダーとしての責任感を強く持つことは大切ですが、部下育成のためには権限委譲の範囲を考え実行に移し、メンバーに責任感を持たせ、育成していく必要があります。

リーダーだけが「仕事ができる」状態のままでは、いつまでも自チームのパフォーマンスは上がらないでしょう。

《コラム》

組織行動学者のデービッド・コルブ氏は、「経験↓省察↓概念化↓実践」という４段階の学習サイクルから成る「経験学習モデル」を理論として提唱しました（図表12）。

経験からよりよく学ぶためには、次の４項目が必要であるとしています。

図表12　コルブの経験学習サイクル

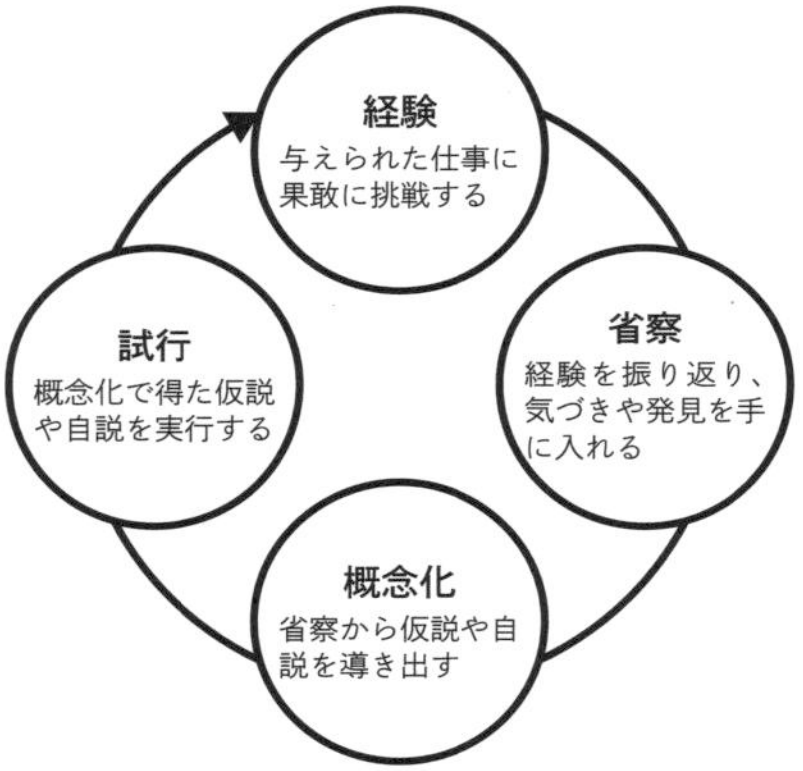

上記をチームや複数人で行う

出所：コルブの経験学習サイクル

①実際に具体的な経験をする
②経験を観察し、様々な視座・視点から振り返る（省察的観察）
③経験を様々な視点で分析した後、統合的な考えや概念・パターンや仮説を生み出す（抽象的概念化）
④新しい考えや概念・仮説を導入して計画を立て実行に移す（実践的試み）

部下に対して最初から最後まで任せることもときには必要な場合もありますし、あまりにもそれはリスクが高いと判断したときは、一部分を権限委譲し、「指示」と「援助」のバランスを考えることが必要です。

そして、あなたがいつも意識すべきことは、「少しでも部下に権限委譲できる部分はないか。自主性を高め、部下本人が勝ちパターンを見つけ、早く任せられる人材に育てる」ことになります。

POINT

部下育成には権限委譲を行い、部下が責任感を持ち、経験を通してスキルを上げていく必要がある。リーダーだけが「仕事ができる」状態のままでは、いつまでもチームは成熟できないままである。

心得25

人は生まれながらにして、変化に必要な資源を自身の内部に持っている

リーダーは権限委譲を行い、部下の挑戦を後押しして、その勇気を鼓舞し、承認することで自己肯定感が上がります。すると、やがてはネガティブマインドを手放して、より積極的な姿勢になる部下が出てきます。部下がブレイクスルー（成長の壁を突破）するのは、自分へのネガティブな強い固定観念の壁を突破し、行動して成し遂げたときです。

ただ、上司がいくら後押しをしても、ネガティブな観念は手放しにくいものです。そんなときは、目の前の解決すべき問題や目標を小さく分割し、挑戦しやすいサイズに分割して対応し、一つひとつをクリアして小さな成功を手に入れていくことで前に進むことができます。

目標はできるだけ小さく細分化して達成しやすいものにして取り組んでいくことを「エレファント・テクニック」といいます。つまり「大きな象は大きすぎて食べられないよう

に思ってしまうが、小さく分割すれば誰でも食べられる」という例からきている考え方です。目標を大きな塊ではなく小さく砕き、部下がそれを一つずつこなしていくことを支援します。

ここで重要なのは、ほめるのではなく、承認すること、相手を認めることです。最近は部下を「褒める」ことが奨励されていますが、行き過ぎると褒められることにマヒする可能性もあります。よって「褒める」ことと「承認」とのバランスを考え、「承認」を効果的に行います。

部下の仕事ぶりに対し、「いつも見ているよ」という上司の姿勢を伝えれば、承認欲求が満たされ、部下も前に進むためのエネルギーが湧いて、新たなチャレンジに立ち向かうことができます。部下の仕事をしっかり「見て認める」ことは非常に大切です。

そして、ここで重要なのは、前章の自分軸「心得13」でも述べた「人は一生成長し続ける」という前提に立つことです。

私はいつでも、どんな人が相手でも、「条件が揃えば人は成長し大きく変わるものである」という前提で仕事に入ります。これまでなかなか変化できなかった人が、何かをきっかけに壁を突破し、大きく成長した人をたくさん見てきました。

実際に以前関わったあるひとつの課のチームの例を紹介しましょう。

そのチームは、人の変化・成長がまったく促されない環境にありました。上司が指導・アドバイスをいくら行っても、一向に通じないというので、私に支援の要請が入りました。

いざ、私がそのチームの支援に入って気づいたのは、変化・成長がまったく促されない原因が「人は変わらない」という強い思い込みを上司自身が持っていることでした。そこで「人は成長するもの」という前提・マインドでチームに接し、半年が経った頃には部下メンバーたちは大きく変化し、自主性が高まりました。こちらが人の可能性を信じ、相手にその考え方や姿勢が伝わり受け入れられたときに、自ずと成長の歯車は回り始めるものです。

幕末の志士を育てた吉田松陰の言葉として「未だ、見たことのなかった自分を目指しなさい。心は熱く、一生に一度くらい、本気でやってみなさい。必ず達成できます。運命を作りなさい」というものが伝わっていますが、人は自分の中にある力の一部しか使わず、気づくことなしに人生を終えていくことがほとんどです。

しかし、知識や技術を支えるその人のマインドへの働きかけ方によって、またこちらの「在り方」によって、やる気のないメンバーがリーダーシップを発揮し始めたり、最下位の成績だった人がやる気になってトップになったりすることは経験上度々ありました。

管理職やリーダーは常に以下のことに興味と好奇心を持つことが大切です。

・この部下の「未見の我（まだ発揮していない力）」は何なのか？

・どのように自分が接すれば部下自身が気づき乗り越えていけるのか？

リーダーが「人は変わらない、何度言っても変わらない」という前提だと相手への効果的な働きかけが起こる由もありませんし、そもそもその「在り方」が相手に伝わります。そして部下自身が「自分は変われない」と思い込んでしまうと、変化をもたらすことは不可能に近いでしょう。あなたが希望を捨てない限り、あなたは相手の変化を促進する行動を取り続けることができ、その結果相手の心が動き、変化・成長する可能性が生まれます。

神経言語プログラミング（ＮＬＰ）というセラピーの分野がありますが、その考え方の中に「人は生まれながらにして変化に必要な資源を内側に持っている」という前提があります。

ラベルを貼らずに、グロース・マインドセット（人の成長は経験や努力によって向上できるというものの見方を基にした枠組み）で人を常に見ることが肝要です。

また、中国の古典『三国志』が出典で日本の慣用句にもなっている「男子三日会わざれば、刮目《かつもく》してみよ」という言葉があります。

勇猛だが無学だった呂蒙《りょもう》に、君主の孫権《そんけん》が学問を学んで人間の幅を広げるよう諭《さと》したところ、実際に呂蒙は学問に励んで、勇に智が伴う武将へと成長しました。

ここでの教訓は、人は3日間という短い時間でも変わることができるということです。孫権は呂蒙が変わる「きっかけ」を与え、呂蒙は素直にその言葉を受け入れて変わるために勉学に励む努力を続けたことで成長しました。

無鉄砲とも言える勇猛さで呉《ご》の国はおろか他の魏《ぎ》や蜀《しょく》の2国までその名が響いていた呂蒙を変えたのは、君主の孫権がフィックス・マインドセットではなく、グロース・マインドセットで人のことを考えたからと言えるでしょう。

POINT

部下の仕事ぶりに対して、リーダーは「人は一生成長し続ける」という前提に立って、「いつも見ているよ」「がんばっているのはわかっている」という姿勢を伝えることである。部下の承認欲求が満たされれば、新たなチャレンジに立ち向かうことができる。

心得26

成果とは、「成長」が作り出すものである

管理職は、部や課の業績を上げることはもちろん大切ですが、目先の成果だけではなく、同時に人が育っていかなければ、その組織を長く存続させることはできないと肝に銘じる必要があります。

企業間では優秀な人材をめぐる採用競争が激しくなっていますが、社内・部門間でも人材の争奪戦が起こっています。

たとえ安定している部署であっても、エース級の人材が別の新規の部門に引き抜かれて、残ったメンバーの中が経験が浅い新人や若手が多くなったりすると、育成は追いつかず、数少ない中堅に負荷がかかってきます。このような悩みを抱える企業が以前よりも増えてきているようです。

成果や業績を追うことは当然ながら、同時に職場で人を育てるスピードもアップさせる必要があるのです。業績や業務上の目標達成は、管理者として当然果たすべき必要条件にすぎません。並行して「部下育成をいかに行うか」があってはじめて十分条件を満たします。能力の高い部下がたまたま配置になれば幸運といったような博打《ばくち》的な考え方でなく、自分の部下にどのような人材が配置されても育てることのできるスキルを早くから磨いておく必要があります。

なぜ早くからかというと、人材育成には時間がかかるからです。弊社の管理職研修でもファシリテーションやコーチングの基礎スキルを身につけるのに最低半年間、「ミッション」「ビジョン」「バリュー」の明確化を含めれば、ゆうに1年はかかります。その後に職場で実際にスキルを活かし、さらに応用・習熟レベルにまで高めていき、実際に部下が育つのに1、2年はプラスされますから、約3年の歳月がかかるテーマなのです。

今のあなたは、プレーヤーとしては業務のプロかもしれません。しかし、上司となった今、すぐにでも管理職・人材育成のプロを目指すことが求められます。

POINT

リーダーにとって、業績を追うことはもちろん大切であるが、それと同時にメンバーが育っていかなければ、その成果を作り続けることはできないと肝に銘じる必要がある。

心得27

「自責」として責任を取れば人は育つ

以前、ある会社の開発チームメンバー10名の支援に入ったときのことです。ある会議でメンバー全員に「責任を取ってください」と伝えると、一瞬その場が凍りつきました。メンバーからはすぐさま「何か罰があるのですか？」という質問があがりました。

多くの人は、「責任を取る＝罰を受けること」と解釈しているようです。責任とは英語では「responsibility」と言い、「response（反応）」と「ability（能力）」が合体したものと言われています。つまり「反応する能力」のことです。

何か望みどおりの結果が出なければ、すぐにあきらめるのではなく反応する、反応し続けること、やり方を変えること、望む成果を手に入れるまで柔軟に対応することが「責任を取ること」なのです。

また、一般的には責任に関して、「他責」と「自責」の2種類がよく使われている言葉です。

・他責とは、他人に責任があると考えること。つまり人のせいにすること。自分には責任がないと考えること／依存状態

・自責とは、自分に責任があると考えること／自立の状態

部下育成に関して、あなたは「自責」と考えているでしょうか。

かつて学生の頃、教員志望だった私が教育実習で生徒たちの授業を受け持ち、思うように生徒たちからの関心を得られなかったときを思い出します。

実習先の担当の先生から、「生徒を振り向かせられなかったら、それはプロの教師として失格です」と言われました。「人の話を聞かない生徒たちはダメだ」となりがちな考え方を見越して指摘したものです。

上司が「自責」として対応し続け責任を取るから部下は育ち、自立します。そして、あなただけでなくどんな困難なことも response（対処）し続ける力を部下につけさせるには、文字通り責任（自責）を取らせることです。

しかし、最終的には管理職であるあなたが責任を取る覚悟が必要であることは言うまでもありません。

そもそも責任を取らない上司の下で、部下が責任を取ろうとするわけがありません。部下にミスがあれば、上司が部下と一緒に出向き、お客様に頭を下げる場面もあるでしょう。しかし、これは部下の勉強代・成長代であり、上司にとってもリーダーシップ力を高めるための成長の糧でもあります。

そして、上のポジションに行けば行くほど、部下に任せていく必要があります。

責任を取る上司の下だからこそ、部下はチャレンジし、責任を取るあなたの存在に感謝して仕事に積極的になるということをしっかり認識しておきましょう。

POINT

責任には「自責」と「他責」があるが、上司が部下の育成を「自責」と捉えるからこそ、部下は自ら育ち、自立していく。また、そのようなマインドを持つことがリーダーの条件である。

第3章

〈チーム軸〉チームリーダーとしての〝在り方〟を考える

心得28

「部分観」ではなく、「全体観」で仕事を行う

近年、様々な場面でチームを組んで仕事を進める機会が増えてきています。部門を超えたプロジェクトチームは以前からありましたが、課ごとや部ごとなど労務上のものも〝チーム化〟や〝チーム力向上〟が意識され始めています。

しかし、残念なことにチームといっても名ばかりのものも多く、一致団結とは程遠い機能不全のチームも多く見かけます。チームで設定した品質や納期、売上などの目標達成が期待通り推進できず苦戦し、そんな組織・職場からチーム支援の依頼が増えてきています。

なぜ、効果的なチーム運営ができないのでしょうか？　相談の内容の多くは以下のようなものです。

・チーム内の連携が悪い

・チームにまとまり感がなく、バラバラに動いている
・メンバーの士気が低い

私が以前、経営幹部チームの支援に入ったときの事例をご紹介しましょう。

そのチームは社長を含む、本部長、部長たちで構成されたチームでした。実質的に会社の方向性を作っていく首脳陣でしたが、チームとしての一体感もなく創造的な意見や施策が実行されることもなく停滞した雰囲気でした。

私が支援を開始する際に最初に行ったのは、チームメンバー一人ひとりとの事前面談でしたが、話を聞いていくうちに、ある大きな問題点に気づきました。それは、とある幹部に質問をしたときのことです。

「今のチームが成果を上げられていない問題点はどこにあると思いますか？」

その幹部は次のように答えました。

「一人ひとりが役割をしっかりまっとうすれば良いだけのことなのに、それができていない。各自が、ただやるべき仕事をすればいいだけなのに」

私が感じたことは、この発言の裏側にある「他責」の匂いでした。「自分以外のチームメ

ンバーの責任範囲は私には関係ない」という態度です。

後に、この幹部はチームメンバーのうちの一人との関係性が悪く、きちんとコミュニケーションがとれていないことが明らかになりました。そのときも上手くいかない責任はやはり「相手が未熟だから」ということでした。

チーム連携が上手くいっていないときのよくある要因には、大きく分けると次の３つが挙げられます。

①「自分の役割の範囲が自分の責任だから、それだけを果たせば良い」という考え

業務が上手く進んでいないのは、その担当者が自分の責任を果たしていないからである。だから、その担当者が悪い。おかげで自分の仕事にまで悪影響がありを支障をきたしているという考え。

②「上手くいってないのは自分のせい。だから何とかしなければいけない」と責任を一

人で抱え込む

逆に誰にも相談できず、一人で抱え込んでいるうちに状況がどんどん悪化し、納期も遅れていくケースもあります。その挙句、「そもそも、上司の要望やチームで立てた目標に無理がある」と他責に転じることもあります。

③役割が明確でない

計画段階で役割が明確にされていないときや、明確にしていたとしても状況が変化して新たなタスクが発生しているときなど、役割と役割の間に隙間ができて新たに不明確な役割（隙間）が発生する。そんなときに、誰かがその隙間を埋めようとするのではなく、「それは私の仕事ではない、他の人の担当でしょ」「誰かがやってくれるはず」といった他人任せで放置してしまう状態が発生する。

これら３つの要因に共通している問題は、自分の役割やタスクのみに責任を持てば良いという「部分観」に立っていることにあります。

図表12　意識の範囲（グレーの部分）

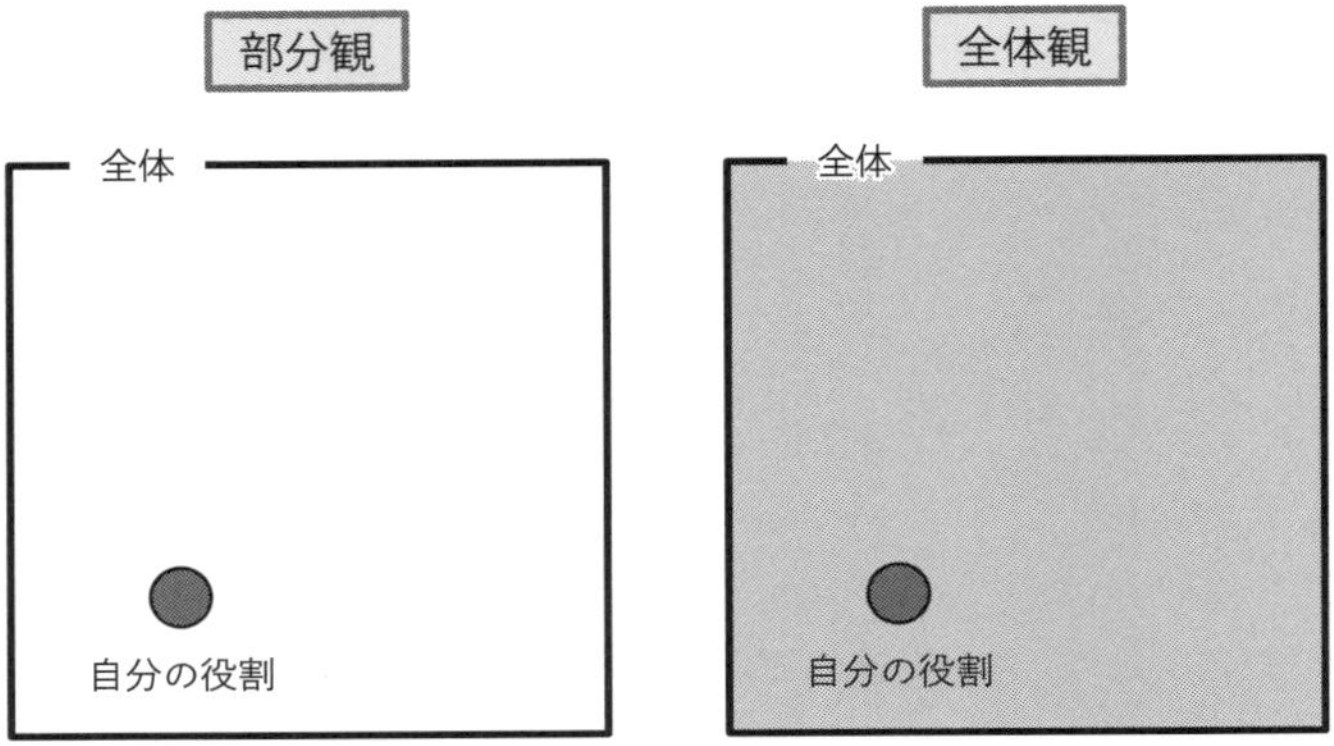

・自分の役割さえ果たしておけば良い
・他のメンバーが困っていても、その人の問題だから自分には関係ない
・自分の役割への責任感はあるが、全体が見えていない
・不透明な状況が発生しているのに、立ち止まって役割を明確にする対策を講じない
・「誰かがやってくれるだろう」という不確かな状態のまま何もしない姿勢

このように「部分観」に固執してしまうと「全体観」に立てずに、チームとしてメンバー間の声の掛け合いが起こらず、問題が発生していても気づくことができ

なかったり、気づいても放置されたりします。

逆に、各自が全体観を持ってチームの中で機動的に役割分担や助け合いをし、メンバー同士がともに協力し、アドバイスし合うことができれば、役割の隙間は埋まり、さらには学習効果や相乗効果、そして互いに感謝し合い、一体感が生まれます。

チームを上手く機能させるためには、一人ひとりの意識がどこに置かれているかをよく見て、メンバー全員が全体観を持つような状態を作る必要があります（図表12）。

POINT

チームメンバーが「部分観」に固執してしまうと、「全体観」がなくなり、メンバー間の声の掛け合いが起こらず、問題が発生していても気づくことができなかったり、気づいても放置されたりすることになる。

心得29

「全員リーダーシップ」のチームになる意識を持つ

先ほど、チームメンバーは「部分観」ではなく「全体観」を持って仕事を行う必要性を話しました。この視点を持つことはリーダーシップにつながります。従来はリーダーがチーム全体を見て情報を吸い上げ、適切な判断をして指示を出し、チームを上手く機能させることが求められてきました。今もそれは変わりませんが、より変化の速い環境の中で素早い対処を求められる現代では、リーダー一人に頼るのではなく、できるだけ権限委譲し、可能な限り現場により近いところで判断・決定していかないと対応が後手に回りかねません。

そんな状況下では各自が素早く適切な判断をすることが求められるわけですが、その際には全体観を持って、自分の判断がどのように周りに影響するかを検討することが求められます。全体を見ながら適切な判断を行っていく。そういったリーダーの意識、リーダーシップはリーダー以外のメンバーにも求められ、その際に必要となってくるのは、適切な判断を下すための他メンバーやチームの情報を常日頃共有していることです。

このような意識でチーム全員がリーダーシップを持ち、チームの成功に意識を最優先に置いて、メンバーが目の前のことを判断できるようになれば、チーム全体としての機能が底上げされます。

誰よりも現場のことを一番よく知っているのは現場に一番近いメンバーです。全員リーダーシップの意識があれば、何か問題が起こったときにその都度リーダーに状況報告をして指示を仰ぐ以外にも、メンバーが自分で判断して対処できるようになるので、スピードが格段にアップします。

さらに、現場の状況をチーム全員で共有できるようになれば、たとえ対応に問題がありそうなときも素早く他者からフィードバックやアドバイスがもらえるという好循環が生まれます。

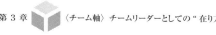

まずは、自分の頭で考えること。そして、仲間とも情報共有を行い、判断に行き詰まったら、そのときはリーダーやチームメンバーからアドバイスをもらう、そんな形も必要です。

ここでのチームリーダー自身のスタンス・在り方としては、全体の状況を把握しながら、

「現場に任せて良いことは現場の判断に任せる」ということになります。

これはサッカーなどのチームプレーにたとえるとわかりやすいでしょう。サッカーでは、メンバーのポジションは決まっていますが、つねに自分の範囲を超えた動きをして、プレーを連携させています。時には攻め、時には守り、互いにコミュニケーションを密に取りながら状況判断を繰り返し、互いに臨機応変にフォローに回ります。ビハインド（劣勢の状態）のまま試合終了間際になれば、ゴールキーパーでもリスクを冒して攻め上がり、敵陣で点を奪い行くこともあります。

近年では、水泳などの個人競技でもチームプレーの手法を用いていると言われています。種目は違っても控室で選手同士が互いの情報交換を密にしながら、他の選手の戦略を参考に気づきを得たり、士気を高め合ったりしながら「チームジャパン」としてチーム全員で勝ちに行く戦略が取り入れられています。

私はよくチームを「一人の人間」と考えてみます。頭や両手足、指、内臓、骨、皮膚など各部位にはそれぞれの役割がありますが、人体は常にお互いが連携をとり合い、協力し合っています。

ケガをしたときなどは、ケガをしていない部位で日常生活の活動を自然に補います。また脳においても、脳損傷で失われた機能を、脳の他の領域が肩代わりをして補うようになることも研究の結果、確認されています。

チームも、まったく同様です。それぞれの個性が集まってひとつのチームが形成され、共通の目的や目標に向かって役割を担っていきます。誰かに負荷がかかったり、トラブルを抱えていれば、必要に応じて他のメンバーが助けに入るのが自然です。そうしたとき、助けられた者は連携や協力、サポートの恩恵が痛いほど感じられるでしょう。メンバー間で起こる対立を乗り越えて、お互いに気にかけ合い、助け合う姿勢が大切です。

前述の「心得28」で述べた「一人ひとりがしっかり役割をまっとうすれば良いだけのことなのに、それができていないメンバーがいる」と放置している状況では、チームとしては結果的に機能していません。

もちろん役割をまっとうできていないメンバーは、当然その自覚や責任感を持つことが必要ですが、一方で理論通りにならない現実に目を向け、柔軟に対処して、チームとして成果を作っていくことが大切です。

POINT

チームのメンバー全員がリーダーシップを持ち、「チームの成功」に意識を置いて、目の前のことを判断し、必要ならば困っているメンバーに手を貸し、チームとしての成果を目指す。

心得 30

チームのベクトルを合わせて目標を共有する

チームで仕事を進めていくにも、まずはチームの目的、つまり「ミッション」「ビジョン」「バリュー」を明確にすることが大切です。

ミッションという言葉は「我々のミッションは、3年後に○○の開発を達成することです」といったように狭義で使われるケースが多いですが、これはどちらかといえば「目標」の意味になります。

私がここで言うミッションは、第1章（自分軸）でも述べましたが、広義の意味で使用しています。「その目標を何のために達成するのか?」というチーム目的や意義・価値・存在理由のことを指しています。

「そもそも、我々チームは何のために存在するのか?」

この根本の問いに対する答えを明確にしないまま、具体的な施策や方法を話し合うチームが多く見られます。

第1章（自分軸）でもお話ししたことですが、「ミッション」「ビジョン」「バリュー」が明確でないと、立てた目標の「意味付け」がされていない状態となります。チームも同じで、目的や存在理由を明確にしてこそ、チームのベクトルが一つになり、その後に目標設定をして、向かう具体的な焦点が定まります（図表13）。そこから、さらに具体的な戦略・戦術・施策・方法・行動計画などを策定していきます。

チームの「ミッション」「ビジョン」「バリュー」を策定する方法は大きく2つあります。トップダウン式とチームメンバー全員で作るボトムアップ式です。

どちらのやり方を採用するにしても、共通して必要なことは、単に明確にして合意するだけでなく、「ミッション」「ビジョン」「バリュー」を自分ごととして主体的に捉えることです。

私がチーム支援に入る場合、多くはボトムアップ式で策定してもらっています。なぜなら、作成プロセスにメンバー全員が携わったほうが、一人ひとりの納得感や所有感が生ま

図表13　チームの「ミッション」「ビジョン」「バリュー」

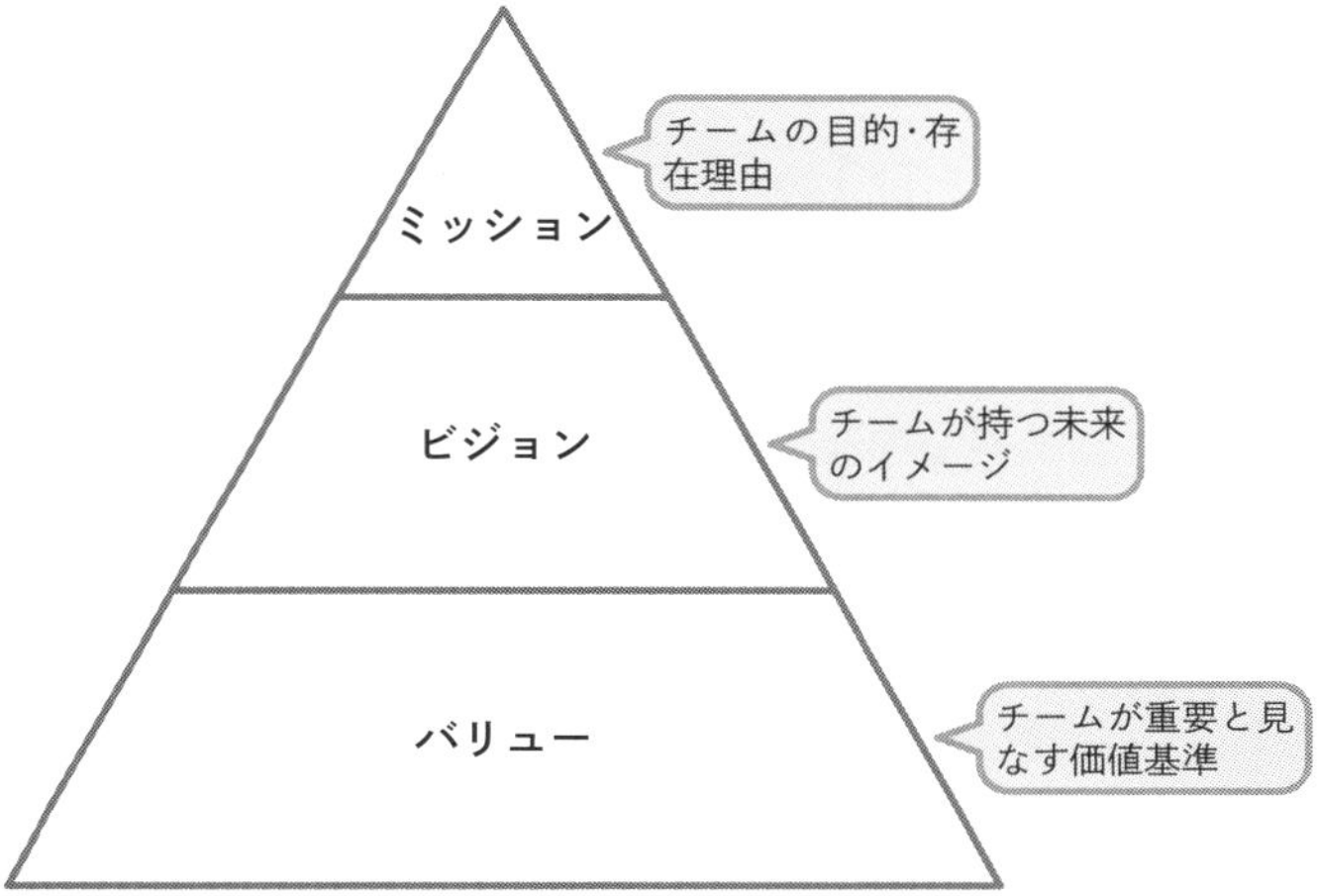

れやすいからです。

そして、共通の「ミッション」「ビジョン」「バリュー」や目標に向けて、いざ計画を立てて実行フェーズに入るときには、今までとは違う行動・施策が進行していくことが多く、周りを巻き込んで協力を仰がなければ実現しません。よって、特に上司の理解・協力は不可欠です。プロジェクトチームの場合であれば、初期段階からチームメンバーすべての上司やプロジェクトの利害関係者（ステークホルダー）に理解・承認してもらう働きかけが必要です。

ここでもよく出る疑問に、「会社の理念

の文言と一致しなくてもいいのだろうか?」というものがあります。第2章(他者軸)で述べましたが、方向性や意味が大きくはずれなければ、チームとしての「ミッション」「ビジョン」「バリュー」があることは問題ではありません。

そもそも言葉という枠組みには、人によって様々な解釈・意味・体験・事柄・背景が紐づいています。言葉とは「中身は完全一致しない最大公約数的な意味・事柄を表すコミュニケーションツール」であり、私たちはこの道具を使ってコミュニケーションを行っています。そして、会社の理念というのは、全従業員を視野に入れた包括的な表現であることが多いものです。そして、トップダウン式が一般的ですが、自分たちで創ったチームのものは自分たちだけに当てはまる特化したものであり、より所有感が湧きます。

これまで私が支援したチームが作成した「ミッション」「ビジョン」「バリュー」においては、会社の理念と大きくズレたものは結果として一つもありませんでした。

しかしながら、万が一、明らかにズレていたら、チームで再度見直し、考え直さなければいけません。なぜなら、会社と違う方向に向かっていては、組織がバラバラとなり、望む成果を生み出せないからです。

POINT

チームの「ミッション」「ビジョン」「バリュー」を策定する方法には、トップダウンとボトムアップの2つがある。共通して必要なことは、メンバー全員が「ミッション」「ビジョン」「バリュー」を自分自身のものと捉えていることである。

心得31

チームの「ミッション」「ビジョン」「バリュー」で、「働き方改革」を行う

「心得31」でチームの「ミッション」「ビジョン」「バリュー」の明確化についてお話ししましたが、それによって実際の戦略や戦術、日々のタスクにも大きな変化がもたらされます。実際、「ミッション」「ビジョン」「バリュー」を意識して議論したり施策を考えると、判断の基準や何を優先するのかチームで決めやすいという話をいくつも聞きます。

では、どのようにして「ミッション」「ビジョン」「バリュー」を実現したら良いのでしょうか?

以前、私が関わったあるチームの事例をひとつ紹介しましょう。

チームでチームミッションを作った後のときのことです。ミッションの中に「高度な専門性」という言葉が入っていました。故にその後チームは「高度な専門性とは何か?」をみんなで深く考える機会を持ち、「具体的に、どのような状態になり、そのためには何を行

えば良いのか？」と話し合いが続きました。

「高度な専門性」について考え抜いた結果、どんな施策が打ち出されたのでしょうか？　今のままでは目の前の業務に追われるばかりで「高度な専門性」のレベルになかなか辿りつけない危機感を自分たちで自覚し、まずはなんとか時短を図り、より効率的に業務を進められないかと工夫が始まりました。

もともと会議時間の長さが問題になっていたので、事前の情報共有やストップウォッチを使ったタイムマネジメント、また、会議後のファシリテーションの仕方についてのフィードバックなどを行い、スキルアップを図った結果、驚くほどの時短に成功しました。そして新たにねん出した時間を業務上の専門性を高めるための学習時間に充て、今まで手がつけられなかった大切な課題の取り組みをスタートさせたのです。

このように余剰時間が生まれ、その時間を一人ひとりの能力開発のために投資するようになったのですが、これこそチームの「ミッション」「ビジョン」「バリュー」を自分たちの職場に落とし込んで実践し、「働き方改革」を生んだ好例と言えるでしょう。

《コラム》

「ミッション」「ビジョン」「バリュー」と戦略を一致させて成果を作った世界的にも有名な企業の事例を2つ紹介します。

①「JR東日本テクノハートTESSEI（通称テッセイ）」

「汚い・キツイ・危険」といういわゆる3Kの職場を変革するために、当時、テッセイの取締役経営企画本部長に新しく就任した矢部輝夫氏はスタッフに、自分たちの存在理由を「世界最高の技術を誇るJR東日本の新幹線のメンテナンスを、清掃という面から支える技術者である」という言葉で再定義しました。

それまでの現場は本社主導型の管理体制でしたが、再定義されたミッション（アイデンティティ）をまず矢部氏自らが実践しました。現場を回り、スタッフの声に耳を傾け、細々とした不満や要望に真摯に対応、やがてスタッフは「この人は自分たちを大切に扱ってくれる。口先だけでなく誇りある技術者として扱ってくれる」と両者に信頼関係が生まれ、従業員たちに誇りと活気が生まれました。

やがて、現場から様々なアイデアが生まれ始め、それらをどんどん吸い上げることで、

「制服変革」や現場リーダーが良い取り組みの具体例を示して実践したスタッフをほめる仕組みである「エンジェルレポート」といった、新しい施策の構築に結びつき、現場主導の体制に切り替えていくことができました。

その結果、自分のアイデアが現場に生かされることで、スタッフのモチベーションはどんどん向上していきました。

テッセイのこの優れた現場力は、アメリカのハーバード大学のイーサン・バーンスタイン助教授により、「上司による管理や金銭的な報酬ではない、スタッフの動機付けの稀有な例」と絶賛され、ハーバード大学経営大学院のＭＢＡ（経営学修士）１年生の必修科目として採用されています（詳しくは、あさ出版刊、矢部輝夫著『奇跡の職場～新幹線清掃チームの“働く誇り”』参照）。

② Zappos.com（ザッポス・ドットコム）

ザッポスは、創業10年で約１０００億ドルの売り上げを達成した靴のネット販売企業です。「フォーチュン」誌の「もっとも働きがいのある企業１００社」に毎年ランクインしています。

創業から10年足らずで市場シェアの3分の1を獲得し、現在はアマゾンに吸収されていますが、ザッポスの熱狂的なファンのために独自の企業文化を維持したまま独立した経営を行っています。

同社のコアバリューの一つに「サービスを通してWOW（ワオ＝驚嘆）を届けよう」というものがありますが、まさにその価値観を戦略に落とし込んだ経営がなされていることが話題となりました。

通販企業が設置するコールセンターは通常、いかに短く効率的に顧客対応を終えるかがコストに跳ね返ってきます。効率性を重視するためにマニュアルを導入するのが通常ですが、ここではマニュアルはありません。コールセンターのスタッフ全員が最高の顧客対応を各自で考え、「WOW」を届けることを大切に業務に就いています。もちろん、この価値基準を追求すると、一人当たりの電話対応時間は当然長くなりますが、これも従業員の活性化のためと、結果的には「様々な感動的な電話対応をしてくれた」といった口コミによる広告宣伝につながるという計算のもと、この施策を推進しました。

その結果、ネット販売企業の平均的なリピート率30％をはるかに上回る75％のリピーターを掴んでいるとのことです。

２０１５年から、階級や上司と部下といったヒエラルキーが一切存在しない、真にフラットな組織管理体制である「ホラクラシー」を導入。従来型の階層型組織を、よりフラットで自律・自走していく組織へと変革しました（詳しくは、ダイヤモンド社、トニー・シェイ著『顧客が熱狂するネット靴店　ザッポス伝説　アマゾンを震撼させたサービスはいかに生まれたか』参照）。

POINT

チームの「ミッション」「ビジョン」「バリュー」を明確化して現場に落とし込めば、チームの戦略や戦術、日々のタスクに大きな変化がもたらされる。その結果、従業員の活性と業務成果の両方が手に入り、「働き方改革」を実現できる。

心得32

全員リーダーシップを支える「情報共有」

チームとして「ミッション」「ビジョン」「バリュー」、目標、施策などを明確にし、実行フェーズに入ったとき、重要なことの一つにメンバー一人ひとりが「情報を開示・共有する」ことがあります。なぜなら「心得29」でも述べたとおり「全員リーダーシップ」のチームを作るには、各自が自分の役割を分担しながらも他メンバーの役割や進捗に目を配り、全体として問題ないかを考えるために、各役割の情報が必要だからです。

多くの組織やチームでよく耳にするのは「チーム内の他のメンバーの担当が何をしているのかあまり知らない」という発言です。自分の担当は責任感からしっかり果たそうとしますが、つい他者の仕事内容や進捗に関しては無関心になりがちです。

「全員リーダーシップ」を育む、あるいは機能させるのに互いの情報を共有することが全体視点・全体観を持つことにつながります。

このときに、自分の仕事が上手くできていないからといって隠したり、弱みを見せないといった「個人視点」は業務進捗の停滞を生み、結果的に全体の進捗を遅らせることになります。むしろ上手くいっていない情報ほど皆で共有し、打開策を検討することも効果的です。ここではメンバー同士で批判し合っている場合ではなく、チームメンバー全員でアイデアを出し合い、どうするべきかを考えることで、少しでも早くチームを前進させることが重要です。

また、逆に順調な事柄も共有することで、アイデアや気づきにもつながり、プラスの影響がチームへの帰属意識やオーナーシップ（個人が目の前に存在している課題やミッションに対して当事者意識を持って向き合う姿勢）を高めてくれます。それによって一体感が醸成され、士気を上げる効果にもつながります。

では、リーダーの役割として、情報共有の場をどのように作っていったらいいのでしょうか。そのポイントは次の２つです。

①ネットなどを活用した情報を共有しやすい環境作り

ネットによる社内情報共有ツールを活用すれば、どこにいても情報をある程度素早く共有できます。会議に関しても、開催前に議題の共有や簡単な意見交換までは進められるので、会議時間の短縮に役立てられます。

もし、社内にその環境が整備されていない場合は、個人向けのSNSなどで代用することもできますが、セキュリティの問題は組織によって違いますので要注意となります。

②「全員参加」の会議を効果的にセットする

会議には2種類あります。一つは、一部のメンバーだけが参加する「個別会議」。もう一つが、チームメンバー全員が参加する「全体会議」です。

この2つを状況に応じて上手く使い分けます。上手く機能していないチームや職場に共通しているのは、個別会議は行うものの全体会議が少ない、もしくはほとんど行われていないことです。

全員で行う「全体会議」は、同じ時間に一斉に集まるタイミングを合わせにくいため、実際に行うのはなかなか難しいと思われがちです。しかし、「全体会議」には次のようなメリットがあります。

- **全員が一斉に最新の情報にアップデートできる**
- **情報共有の抜け、漏れ、無理解、誤解を防止・解消できる**
- **解決すべき問題があれば、その場で全員で知恵を出し合える**
- **進捗が格段にスピーディーになる**

全体会議を必要に応じてタイムリーに行うことにより、「問題解決が進まない」「チームの連携が悪い」「まとまり感がない」「チームのメンバーそれぞれがバラバラに動いている」「士気が低い」といった問題が徐々に解消されます。

特に上手く機能していないチームであればなおさら、集まる頻度を上げることをお勧めします。それによって状況を打破するきっかけが生まれやすくなります。

個々のタスクやスケジュールを優先したい気持ちはわかりますが、まずはチームとして週1回くらい、柱になるミーティングをセットしてみましょう。

全体会議をセッティングする場合は、「チームの全体会議の予定を決める」→「個々の会議やスケジュールの作成」の順番です。もちろん両者のバランスを取ることは必要ですが、個々を優先しすぎると、結局全員で集まることは不可能となりがちです。全体会議を優先することで、メンバーにはお互いに「自分よりもまずはチームを最優先する」という意識が醸成され、チーム全体の士気も上がっていきます。

POINT

チームリーダーは「全員リーダーシップ」を支えるための情報共有を図らなくてはならない。ネットによるコミュニケーションやリアルな「全体会議」の開催など、ツールや場を効果的に使い分けていこう。

心得33

会議の進め方の基本である ファシリテーションを知る

チームリーダーは、会議を効率的かつ効果的に進めなければいけません。会議におけるリーダーの役割は、参加者の「情報・知恵・アイデア」さらには「主体性」や「納得感」を引き出しながら、結論を導き出し士気を高めることです。

会議の基本的な進め方は、図表14のような4つの流れで構成されています。

最初に行う「構造づくり」とは、会議の目的・目標・時間枠を確認し、役割分担や流れを決めることです。この流れのベースになっているのが「ファシリテーション」です。

次に、「発散」のフェーズで、会議でチームメンバー全員が偏りなく発言し、抜け漏れなく、様々な情報や視点・アイデアを出すフェーズです。そして、メリットやデメリット、ロジックツリーなど、様々なフレームで整理し、議論・集約して結論を出します。

会議をリードするファシリテーターの役割は、積極的に傾聴し、効果的な質問や提案で

図表14　会議の基本的な流れ

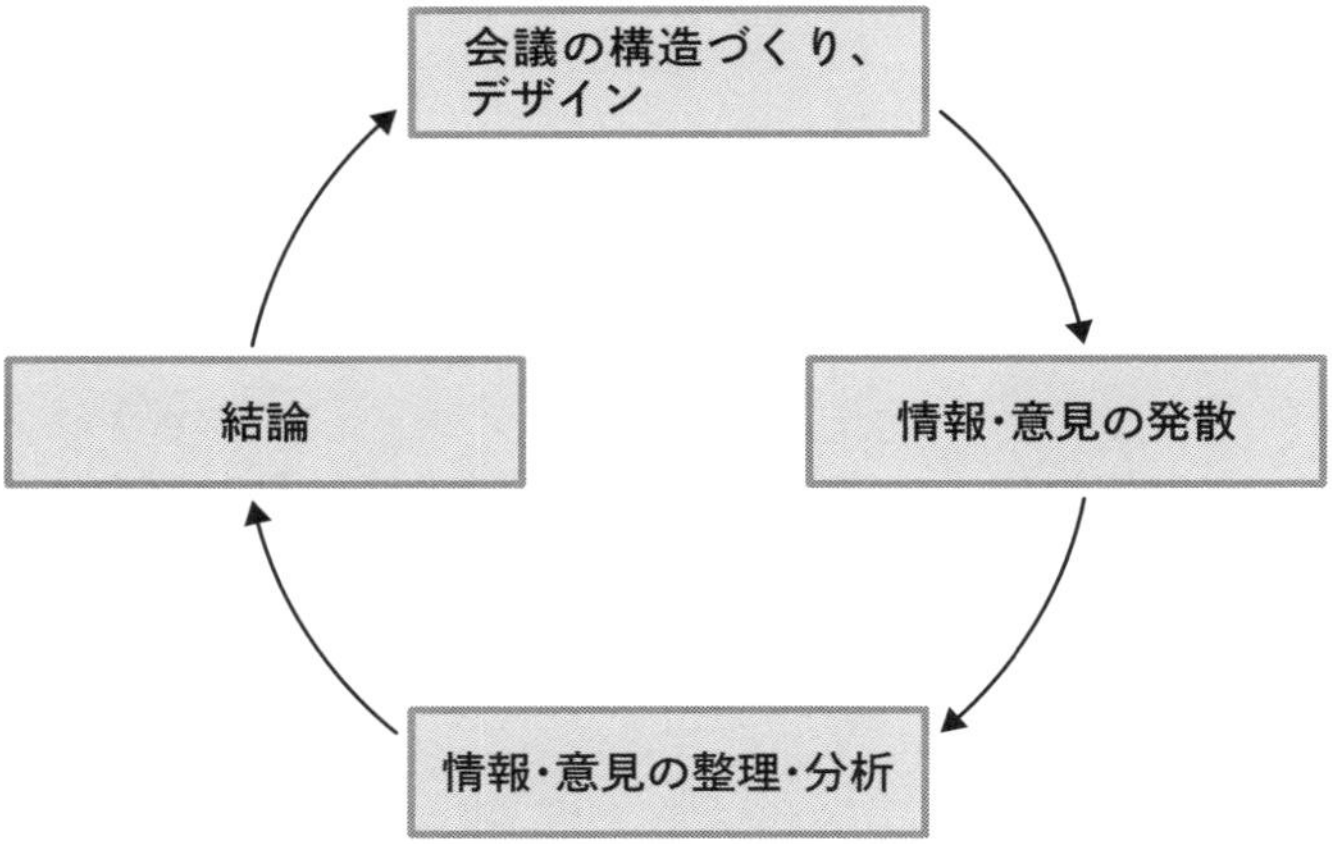

※「ファシリテーションの4つのスキル」（日本ファシリテーション協会）を参考に著者がアレンジ

参加者の対話を促すことです。

ただし、議論が白熱するのは大いに良いことですが、会議のゴールに向けて時間内に結論を出すことが肝要です。結論を出さなければ、物事は前に進みません。

また、時にリーダーの意見が採用されなかったとしても、和する姿勢が大切です。妥協するのではなく、目的と和し、目標達成のために結論を出して、ひとつの方策にチームとして合意するのです。

結論を出すことには、当然リスクが伴います。しかし、結論をずるずる引き延ばすこともリスクとなります。全員がそのどちらのリスクをとるかも踏まえた上で、全体観を持って検討します。もしも結論がまとまらず時間的な制約の限界がきてしまったら、最終的には責任者であるリーダーが決めるなど予めルールを決めておくことも必要です。責任を取る人が決定することが原則ですが、できるだけ皆が合意の上で決定するのが望ましいでしょう。

そして一旦決めたら、リーダーはメンバーが全力でその方策が実を結ぶ取り組みができるよう促さなければなりません。出した結論というのは、最終的には実行してみないと正しいかどうかはわかりませんから、動きながら早め早めに修正を加え、改善していくと成果に結びつきやすいでしょう。

POINT

チームリーダーは、会議を効率的かつ効果的に進めなければならない。会議は、参加者の「情報・知恵・アイデア」や「主体性」・「納得感」が引き出され、結論を導き出すことである。

心得34

会議でも表われるメンバーの「タイプ」の違いを知る

第1章（自分軸）でも触れたユングの分析心理学における「タイプ論」ですが、会議でもこのタイプの表れ・違いから誤解や不理解の結果、話し合いの質を下げたりしてしまっていることが多々あります。

たとえば、内向型の人は意見がまとまっていないときに生煮えで発言するのは心理的抵抗があり、一見無口かつ消極的に見えることがあります。一方、外向型の人は「生煮えでも皆で意見を出し合って良いものをつくれば良い」という感覚で発言が多くなると、結果、外向型の人だけの片寄った意見集約だけで会議や話し合いが進んでしまうこともあります。

こんなときは、内向型の可能性のある人の発言を待ち、時には促し、最後までしっかりと耳を傾け、すぐに反論せずにじっくりと話し合う姿勢が効果的だったりします。また、内向型の人も、会議には時間的制約があることを踏まえて、できる限り積極的な発言を意識することが求められます。

誰がどのタイプかは専門的な検査とフィードバックを受けないとわかりませんので決めつけてはいけませんが、このような心理状態を想定して会議をリードすることも、話し合いの中身を充実したものにすることができ、会議時間の短縮にもつながります。

よく管理職は会議で発言しない人に対して、「この人はあまり意見を持っていない」「消極的である」「引っ込み思案だ」と先入観を抱きがちですが、それはもっとも避けなければならないことです。会議中に発言が少ないのは、タイプの表れである場合もありますし、リーダーが心理的な安心・安全な場を作れていない可能性もあり、必ず何かしらの理由があります。

会議におけるリーダーの重要な仕事は、全員が活発に意見交換する環境作りです。全員が警戒することなく意見を述べているかに気を配り、発言しやすい場を作っていきましょう。

POINT

会議の際、チームリーダーは発言が少ないメンバーのタイプの心理状態を理解した上で、メンバー全員がお互いに警戒することなく、活発に意見交換できるような場作りを心がけるべきである。

心得35

チームで守られるべき価値基準・行動規範

いざチームが走り出せば、目の前のタスク遂行と問題解決が次から次へとやってきます。そのときに忘れがちなのが「バリュー」「価値基準」「行動規範」です。バリューは行動や進め方をその「価値規準・行動規範」に従って進めていこうというもので、より具体的行動に対して制限を加えます。「どんな方法、進め方をしても、とにかく結果が出れば良い。売上が上がれば良い」ではなく、進め方や方法で迷ったら大切にする基準・規範を基に判断しようというものです。

たとえば「会議は全員参加」とチームでルールを決めたとします。もしそのときに一人欠席が出たらどうすべきでしょうか？

自己都合で参加できなかったメンバーがいるのに、そのまま「仕方がない」と会議を行えば、「一人欠けてもいいのか？　せっかく自分は無理をして時間を調整してきたのに」というネガティブな心理状態になるメンバーもいるでしょう。また、その参加者一人の価値、意見を軽く見ているという前提がチーム内に拡がると、一致団結は難しくなります。一人でも欠けた状態のまま安易に全体会議を進めると、チームで決めたルールが有形無実になり、団結力が弱くなりかねません。

参加できないメンバーが出た場合、前もって具体的に「その場合はどうするか」「今後どうするか」について話し合っておくといいでしょう。

また、そんな大切なルールそのものを忘れてしまうチームも多く、ルールや行動規範を都度確認することもお勧めします。それらはチームをまとめる大切なものとして機能します。

一方、ルールとは違い、価値基準が抽象的な場合は、実行フェーズに取り入れられにくい傾向があります。

たとえば、「積極性を大切に」といっても、言葉が抽象的なので忘れがちだったり、いつのまにか仕事をこなすだけになったりというように、以前の自分のパターンと変わらなく過ごしてしまったりします。

しかし、価値基準を大切にするという意識が徹底できたならば、大きな変化を生み出し成果を作り続けることができます。その好例がトヨタ生産方式の「改善」です。今では「KAIZEN（カイゼン）」として世界語となり、このやり方を見習おうという会社が世界的に増え、ビジネススクールでもよく扱われるテーマになっています。

KAIZENでは、工場長がタイヤの取り付け作業員に求めることは、「あなたの仕事はタイヤを取り付けることではありません。どのようにしたら、もっと早く正確にタイヤを取り付けられるかを考えて提案するのが仕事です」といったもので、改善という価値基準を重視し、常日頃からより工夫し常に物事を改善するように促すのです。

価値基準が徹底されると、アイデアと改善策がコンスタントに生まれ続けるようになります。

今では、KAIZENは多くの競合他社や製造方式に採用され、ビジネス慣行と製造方式の改善・合理化が進められています。

POINT

つねにチームが価値基準や行動規範に合致しているかを意識する。チーム活動の進め方や方法で迷ったときもそれらを基に判断する。

心得36

日々の実践の中から「チーム学習」を行う

前述の「心得35」では、KAIZENを例に出しましたが、これはある意味、つねに改善を行うことで、学習と成長を日々の業務の中に落とし込む考えでもあります。また、「心得24」でも述べた「経験学習サイクル」にも当てはまります。個人で行う経験学習もありますが、一方でチームで行うことで、より多くの視点や気づき・発見が生まれます。そのためには日々の行動実践を終えてから、可能な限り「今日の行動→振り返り・省察→発見・仮説→明日への取り組みに活かす具体案」といった、複数人で行うミーティングを毎日のスケジュールの中に取り入れることはまさにKAIZENにつながります。

「なかなか互いの時間が合わず、集まれない」という理由でこのチーム学習を怠ると、チームの成長や業務の改善は滞りがちになります。成果も大切ですが、その成果を作りだすための「成長」、つまり学習に時間投資を行うことは、長い目で見て成果を作り続けるための大切なポイントとなります。

POINT

チームの成長や改善の循環を定着させるために大切なのが「経験学習サイクル」。振り返りをするときは、個人ではなくチームで行うと多角的な視点が手に入り、KAIZENに結びつきやすくなる。

心得37

チームメンバー全員が人間尊重を基本とした「対等感」を持つべき

「心得19」の「有能感」の項でも触れましたが、上司は部下を「下」に見る傾向があります。しかし、それでは相手が無用なプレッシャーを感じて萎縮したり、信頼をベースとしたチーム連携が取りにくくなります。

職場においての上下関係は、上職に対しての礼儀や敬意を払うことももちろん大切な反面、逆に上司やリーダーも「部下を尊重する姿勢」で接することも良好な人間関係を作る上で大切です。

チームにおいてもメンバーとともに仕事ができる「ご縁」とチームに存在してくれることへの「感謝」は、チームの関係性を強化しエネルギーも高まります。

私の個人的な話になりますが、年下の部下や後輩と接するときに極力丁寧語を使うようにしています。そうすることで、つい年上だからと奢ったり、上から目線になったりすることを封印するように心がけています。行動から入り、意識することで、自らの中に相手を尊重し感謝する気持ちが生まれ、結果的に相手との関係性も良くなります。

また、リーダーは先頭に立ってチームメンバーを率いることばかりを考えるのではなく、フォローに回ることも大切です。

とくに、小さなことかもしれませんが、チームメンバーの積極性や前向きな取り組みを見逃してはいけません。それを見つけ、承認することはパフォーマンスの強化につながります。さらにはチーム全員でその小さな変化を共有することで、刺激を受けたメンバーが触発され、積極性の連鎖につながります。

とくに部下にこそ手柄を立ててもらうように、上司はフォロワーに回るよう心がけます。部下の自尊心が高まり、自信をチームへの貢献につなげ、そうして全員リーダーシップが実現すれば、チームは自走し始め、上司・リーダーの役割は軽減されていきます。こうして自分に時間の余裕ができれば、さらに次の展開や未来のための時間投資ができるようになります。

ところで、みなさんは「サーバント・リーダーシップ」という言葉をご存知でしょうか。

サーバントとは「召使い」と訳されます。リーダーはチームに対して高圧的になるのではなく、縁の下の存在になり、メンバーに対して「私はあなたに対し、どんな貢献ができますか？」という姿勢を大切にするということです。

リーダーは状況に合わせて、いろいろな役回りを担うことが大切です。そうした〝在り方〟はメンバーへの柔軟な対応につながります。

以上のように、リーダーの〝在り方〟としては、我を通すことでも手柄を立てることでもなく、メンバーと同じように「チームの成功を第一優先」にすればよいのです。

ところで、ここで問題となるのは、チームメンバーの評価法です。

リーダーであれば、「チームの成功＝自分の成功」であり、評価がリンクしやすいのですが、メンバーは必ずしもそうではありません。むしろ、会社の評価基準が個人の成績や能力に比重が高い組織が一般的です。チームプレーを求めながら評価が個人成績だと、せっかくチームでベクトルを合わせて、一致団結・協力体制が構築されても、それとは合致しない評価方法のため、ちぐはぐな状況が起こり、メンバーたちのやる気にブレーキをかけることになります。

「全員リーダーシップ」を標榜するなら、チームへの貢献や他者に対する協力に関する評価項目の比重を上げないと、一貫性を保てなくなります。

評価方法に関しては、リーダーとしてはかなり気を配るべき部分です。中小企業であれば、スピーディーに評価指標を変えやすいかもしれませんが、大手企業ともなれば、変更・意思決定や全体波及に時間がかかるところが多く、そのフォローが必要であるなど、注意が必要です。

もし、あなたが評価制度の構築に責任を負う立場にあるのなら、できるだけ早く連動させることを考えられると良いでしょう。

POINT

チームリーダーは、メンバーとの間に対等な関係を構築すべきである。そのために必要なのが「サーバント・リーダーシップ」。リーダーはメンバーのフォロワーに回り、部下の成功や成長のために努力する。

心得38

リーダー自身がより大きな貢献に生きる

最後に、見落としがちなチームリーダーとして留意しなければならないことをお伝えします。それは、「あなた自身がチームを超えた範囲の貢献をする」ということです。

もし、あなたがチームメンバーに自分の役割を超えて「チーム全体への貢献＝リーダーシップ」を求めるならば、リーダーのあなたもより大きな範囲に貢献しなければ、矛盾が起きてしまいます。あなたがチームを超えた範囲の貢献に目を向けていなければ、部下やメンバーは「なぜ我々が役割の範囲を拡げて貢献しているのに、リーダーはしていないのか」と思われ、反発を招きかねません。

リーダーはチームの先頭に立って、より広い枠組みに貢献する模範を示して、真のリーダーシップを実践しなければいけません。まさに率先垂範、率い、先んじ、範を垂れる、です。

図表16　全員活躍チームを拡げていく

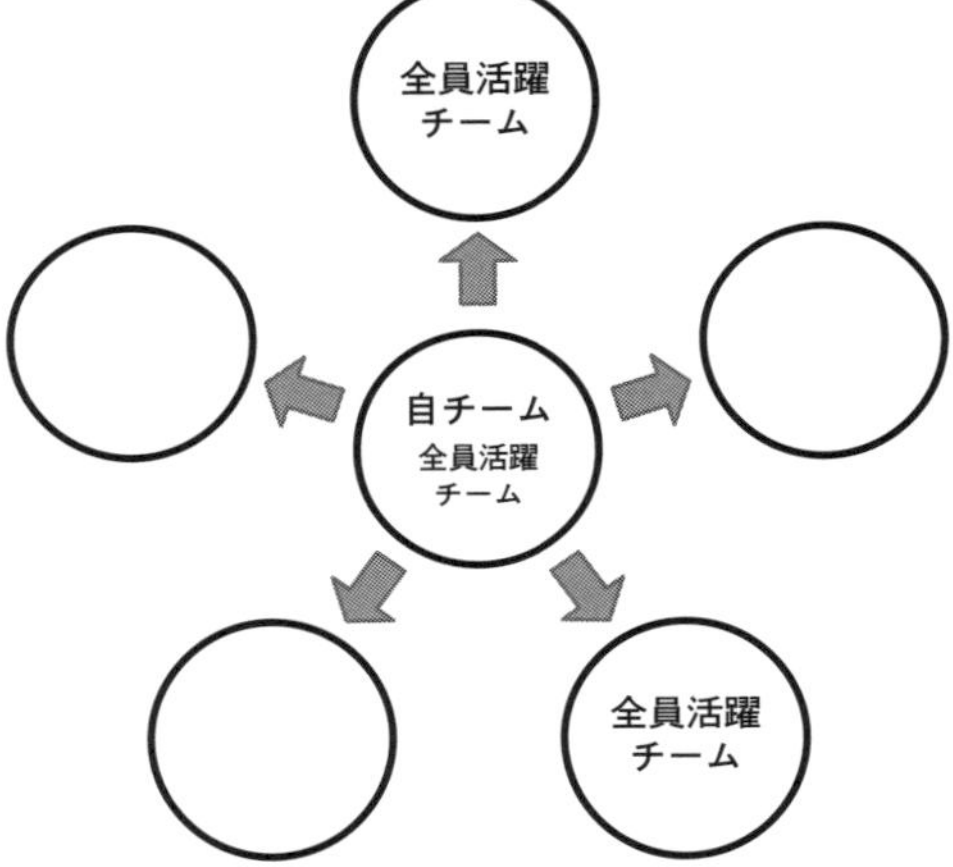

　チームで業務改善が進み時間効率も良くなり、上手く回り始めたら、リーダーも今まで以上に枠組みを広げて、必要なことに取り掛かることができます。そして、そのことは「ミッション」「ビジョン」「バリュー」と一貫しているはずで、自分の役割を超えてより大きな範囲への貢献も可能となるでしょう。チーム内で当初に定められた各自の役割は以前より効率良くこなせるようになった今、リーダーもその役割のレベルを上げるのは当然のこととなります。メンバーが成長す

る中で、リーダーもさらに先を見据えて、変化を遂げていくことになります。

私が支援したチームの大半は、自チームが大きく変化・成長した後、隣りや他の部署への働きかけが始まります。自分たちチームが上手くいっても、関わる他の部署やより大きな組織・会社全体が「全員活躍チーム」になっていかないと、同じ組織内ですから、場合によってはマイナスの影響を受け、チーム自体にブレーキがかかる可能性があります。成功例を周りに拡げ、「全員活躍チーム」の考え方・方法を関わるところに展開していく、「全員活躍チーム」を全体に拡げていくことも、チームの役割の一つになってくるということです。

さて、ここまで自分軸から他者軸、チーム軸と順番に述べてきましたが、自分自身もまた他者との関係、チーム内の関係、さらにはチームを超えた広い範囲での組織内の関係も、すべてが「フラクタル構造」となっています。

つまり、一部を切り取っても全体と似ている成り立ちをした自己相似的なもの、マトリョーシカ人形の入れ子構造と似ています。それらの中心となる根本となる軸は自分軸にあります。

もしも管理職やリーダーがたくさんのチームと関わるならば、すべてのチームにおいて「ミッション」「ビジョン」「バリュー」、また目標や戦略・施策を話し合い、まずは各チームで合意し明確にしていくことが重要です。

次章からは、さらに大きな枠組みへの展開を考えていきます。

POINT

自チームが変化・成長しながら、チームリーダーは、「チームを超えた範囲の貢献」を体現していく。全員活躍チームを会社全体に拡げていくこともリーダーの重要な役割である。

第4章

〈組織軸〉会社全体における自分の役割を考える

心得39

組織全体に貢献するには、他部署のリーダーとの信頼関係がカギとなる

チームとあなたが成長して「全員活躍チーム」として成果を出すことができれば、上司や経営陣は、その成果や方法を当然のことながら課内や部内、他チームや社内全体へと拡大させていきたいと考えるでしょう。

このとき、拡大への第一歩としてチームリーダーが押さえておくべきことがあります。それは、関わるその組織の上長・上司との「目的などの擦り合わせ」です。このプロセスをおろそかにすると、相手組織の上長から協力を得にくくなる可能性があります。たとえば、隣の課に貢献するにも、その課の労務上の上長がいるはずです。よって上長との目的・意図・方法などの擦り合わせは、あなたのチームの成果をより大きな枠組みへ拡大するために押さえておくポイントとなります。

では次に、他の組織へと拡げていくために何が必要かというと、チームリーダーである

あなたが拡大対象となる他の組織のリーダーと信頼関係を構築し、意図・目的などを共有することとなります。

実際チームリーダーやメンバーからよく受ける相談に次のようなものがあります。

「自分たちの全員活躍チームの成果をチーム外の関係者にも拡げようとしているのだが、なかなか上手く進まない。何か良い方法はないだろうか」

他にも、「自分のチーム内は、全員活躍チームとして活気にあふれている。しかし、他部署の責任者とミーティングを行うと雰囲気が以前と変わっておらず、同じような前向きな気持ちや効率の良いやり方をなかなか共有できない。伝えてもなかなか理解してもらえないので、自チームのようには物事がスムーズに進まない。どうしたら良いものか……」

そもそも今まで自分の管轄は自分の管轄としてやってきたわけですから無理もないことですが、さらにはいきなりやってきて「このやり方を取り入れてはどうか」とか「こちらのチームに貢献したい」と自説を展開されても、正直なところ相手が戸惑ってしまうのも無理はありません。場合によっては、あなたは「何か企んでいるのか?」「下心があるの

図表17　自分のチームの外にも「全員活躍チーム」を展開していく

●「チームや課→部→本部→全社へ」とボトムアップ的に拡げていく
●他部署の部長や課長、チームリーダーやプロジェクトリーダーたちとの信頼構築から始める！

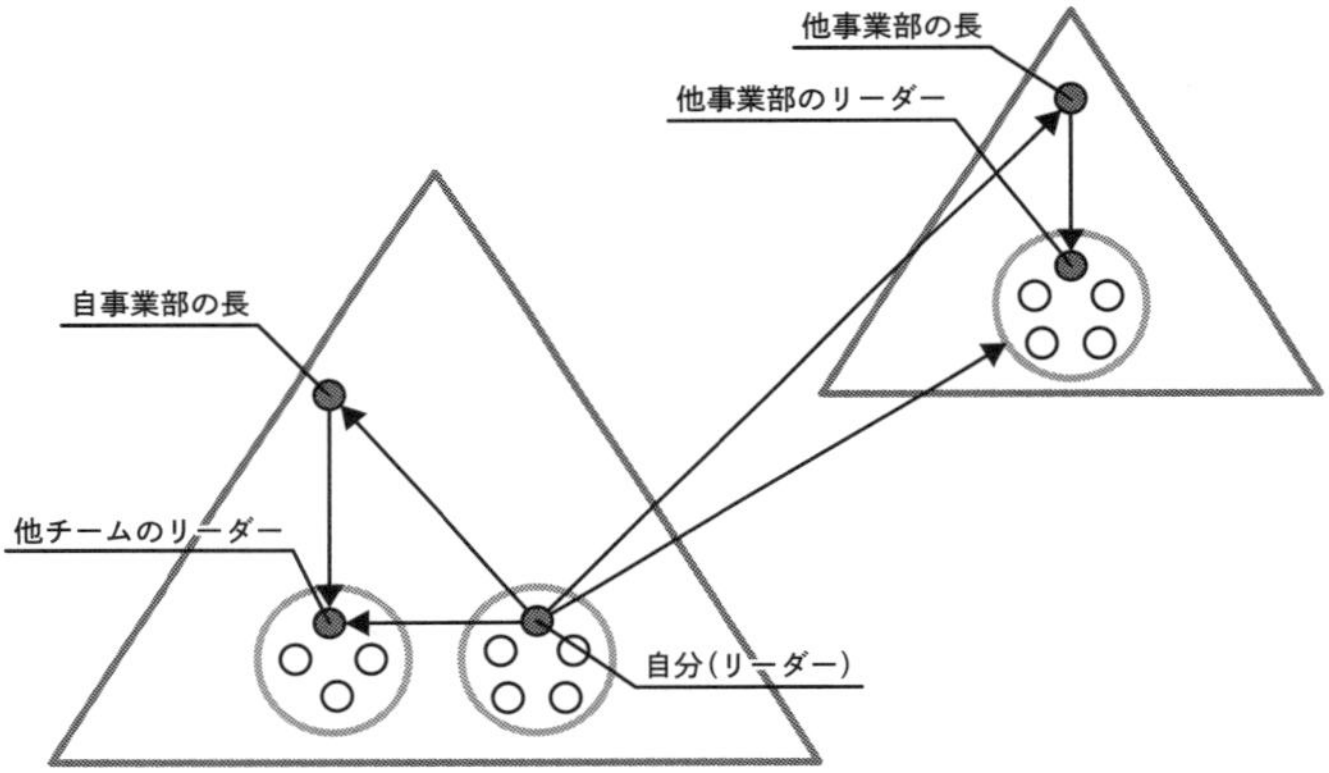

か？」と訝《いぶか》しく思われてしまうリスクもあるでしょう。

　ですから、まずは自分の思いや考え、意図などを相手に理解してもらうためには、これまで述べた通り、やはり信頼関係の構築から始まります。そうして、自分の考えを提示する前に、まずは自己開示し、相手の話や悩みを誠実に聞くことです。それから相手と意図・目的を共有します。

　リーダーとメンバーの関係でも、チームを超えた人たちとの関係でも、人間関係においては、どの関係性であろうと大切なのは「信頼関係」です。信頼関係なくして、その先の成果を生み出すこと、また成果を継続することは不可能といっても過言ではないでしょう。

さて、他部署のリーダーとの信頼関係を築くことができたら、その後は基本的にはリーダー同士２人のチームとなります。できるだけ効率的に最大の成果を生み出したいのであれば、やはり「チーム」という形はパワフルです。

基本的には、あなたが自分のチームのように直接的に関わるのではなく、別チームの管理職やリーダーとのつながりを持ちながら、よく話し合い間接的に関わることで他チームが「全員活躍チーム」になる支援を行うことになります。

POINT

自チームの成功を他組織へと拡げていくためには、チームリーダーがまずその組織の上長やリーダーとの間に信頼関係を構築し、意図・目的を共有することから始める。

心得40

組織を変革していくための8つのプロセスを実践する

ここで、全員活躍チームをさらに大きな範囲へ、そして組織全体に拡げていくにはどのように展開していけば良いのでしょうか。

その大枠の流れについて、ハーバード・ビジネス・スクールの名誉教授であり、企業におけるリーダーシップの世界的権威であるジョン・P・コッター博士が提唱する「組織変革のための8段階のプロセス」を参考に考えていきたいと思います。

「組織変革のための8段階のプロセス」

第1段階　緊急課題であるという認識の徹底

第2段階　強力な推進チームの結成

第3段階　ビジョンの策定

第４段階　ビジョンの伝達
第５段階　社員のビジョン実現へのサポート
第６段階　短期的成果をあげる計画策定・実行
第７段階　改善成果の定着とさらなる変革の実現
第８段階　新しいアプローチを根づかせる
※組織を変革させるためにはリーダーシップが必要であり、変革は前記のような８つのプロセスによって実行していくことが望ましいとされる。

この理論は、主に会社や組織の最上層部チームが第1段階で緊急課題の共有・認識を行い、それから次の段階へと主に上から下へ拡げていくことをイメージしています。もちろん、それが一番早く効率が良いと思われますが、この本を手に取られた読者の中には、ミドルマネジャーやその下にいるリーダーの方もいるでしょう。そんなときは「心得39」でも述べたようにこの理論を一番近い上位リーダーや理解してくれるリーダーと共有し、上下でチームを組んで展開していくことも考えられます。

とはいっても、組織内には反対勢力もあるでしょう。様々な困難が待ち受けているかもしれません。それでもなお、「なぜ、何のために組織を変革していくべきなのか？」について考えたとき、あなた自身のモチベーションの源泉は、「ミッション」「ビジョン」「バリュー」にあるはずです。

「全員活躍チーム」を組織全体に拡大していき、前記のプロセスに沿って組織を変革していく中で、様々な抵抗があっても心折れずに推進していくには、「ミッション」「ビジョン」「バリュー」に基づくリーダーの強い意志と様々な協力者の存在が不可欠です。

そして何度も述べていますが、人と協働するのに大切なことは信頼です。もし、あなたに下心があれば、それは必ず相手に伝わります。「あいつは会社のためと言いながら、自分の出世や利益が最優先だ」などと思われてしまったら、協力者が現れるはずはありません。他者と協力していくときに必要不可欠な信頼関係や誠実さは、「ミッション」「ビジョン」「バリュー」と一致した言動から生まれます。そして、「ミッション」「ビジョン」「バリュー」をより社内の広い範囲で共有することができれば、全社一丸となって前進することも可能となります。

リーダーが利己的でも出世し、トップに上りつめることもあるでしょうが、その下の部下たちはそれを見抜き、どこか冷めた気持ちで仕事に取り組んでしまうようでは全員活躍チームとはなりません。無私の心に近づかなければ組織への貢献を成し遂げることはできません。

あなたが天命・使命に生きる覚悟ができたとき、あなたの「誠」＝「真言」＝「真事」の姿勢が初めて組織への貢献につながり、組織にたくさんの全員活躍チームを作る土台ができあがります。

POINT

「全員活躍チーム」を組織全体に拡げていくためには、リーダーが「無私」の心で誠実に取り組まなければ、周りの共感を得ることができない。「ミッション」「ビジョン」「バリュー」に基づく〝在り方〟を日々考え、自らに据え直し、体現することが大切である。

心得41

上に立つリーダーは「無私」であらねばならない

私は今も複数の組織で経営・運営に携わっていますが、過去においては組織内での対立が起こり、分裂したり、不協和音のまま一致団結できない状態が生じることが幾度かありました。大抵は派閥争いなど私欲の争い、あるいは地位や報酬分配の不公平感などの金銭的なことが原因です。

時に能力が高く、一時でも人々を感化できるような一見誠実に見える、しかし老獪《ろうかい》な私欲的リーダーが上に立つと、最終的には組織の乗っ取り、あるいは部下たちを引き連れて独立し、競合相手になることさえもあります。能力が高く、かつ成果を上げた人材が重要なポストに就くことが組織では多い中で、組織の分裂が後々に発生すると、それは組織にとって大打撃であり、大きな代償を払うこととなります。

真に組織が継続し発展していくためには、リーダーの条件として能力以外に「無私の精神」がとても重要となります。しかし、人は往々にして能力やパフォーマンス性、成果などだけで、つい「あの人はできる人だ」とリーダーを任せがちになります。

リーダーに誰がなるかを考えるときに、能力だけという部分観ではなく、その人の大切にしていることの中の優先順位が高い者として「無私の精神、奉仕・貢献の心」があるかどうかに留意し、全体観で見ることも重要です。

幕末から明治にかけて活躍した西郷隆盛が遺した『南洲翁遺訓』の第一条には次のように書かれています。

「其職に任へぬを官職を以て賞するは善からぬことの第一也。官は其人を選びて之を授け、功有る者には俸禄を以て賞し、之を愛し置くものぞ」

意訳すると、「役職というものは、その人をよく選んで授けるべきで、功績のある人に褒美として与えてはいけない。功績のある人には金銭で報い、慈しむものだ」という意味です。

また、古代中国の歴史書である『書経《しょきょう》』が原点とされる言葉に次のようなものがあります。

「徳の高い者には官位を上げ、功績の多い者には褒賞を厚くする」

これらは人材登用やリーダーシップの在り方として大変示唆に富む訓戒です。組織でリーダーに就く人は徳があり、無私・貢献の気持ちが大切です。

POINT

チームのリーダーに必要な資質とは、単に有能であることではなく、人のためを優先して無私で仕事にまい進できることである。単に有能なだけのリーダーは組織の破壊をもたらす危険性があるので、注意すべきである。

心得42

人を見極める力を養う３つのポイント

あなたが人の上に立つリーダーであればなおさら、人を見極める目、人を見抜く目を養うことが大切です。しかし、人の本心を見抜くことは簡単ではありません。

ここでは、儒教の始祖である孔子が説いた「人を見極める際のポイント」を紹介します。

孔子は『論語』で以下のように説いています。

子曰、視其所以、観其所由、察其所安、人焉廋哉、人焉廋哉

（『論語』巻第一 為政第二）

子曰く

そのなす所を視、
その由る所を観、
その安んずる所を察すれば
人いづくんぞかくさんや
人いづくんぞかくさんや

意味は、次の通りです。

①その人物が何をしているのか、行動から判断する

人は、口ではもっともらしいことを言っていても、本音は態度や行動に表れるものです。ですから言葉よりも、その人の行動をよく「見る」ことが大切です。

②何のために行動しているのか、その真意をつかむ

人の行動の裏には、それを行う理由が必ずあるはずです。一見、善行のように見えても、じつは本人の利益誘導などの思惑が裏側に隠されていることもあります。

真意はどこにあるのか、その人の行動の奥にある意図・目的を心の眼で注意深く「観る」必要があります。

③何に満足するのかを知る

最終的に何に満足するのか、その満足の落ち着くところがわかると、その人の真のゴール、目的を知ることができます。

組織で人の上に立つポジションに就くと、保身に走り、自分の周りをイエスマンで固める人がいます。そうした組織では、イエスマン以外の問題意識の高いメンバーたちは言いたいことが言えず、言えても聞き入れられず無駄だと悟り、虚無感が漂い、結果として内部から腐敗していきます。

天命・使命に生きるのか、それとも自分の王国を作りたいのか、リーダーの地位に就いたときの行動や振る舞い、満足具合などから、その人の本心が見えてきます。自分の利益を優先する人物をリーダーに引き上げてしまうと組織はまとまらなくなるので、リーダーは早い段階で人物を見抜く眼力が必要です。

そして、リーダーにとってもっとも大切なことは、「ミッション」「ビジョン」「バリュー」や天命・使命を共有する人物を見極め、組織など大きな枠組みのためにともに働いていくことができる同志・協力者を見出していくことです。

POINT

人を見極めるポイントとして、「その人物が何をしているのか、発言より行動から判断する」「何のために行動しているのか、その真意をつかむ」「何に満足するのかを知る」の3つがある。

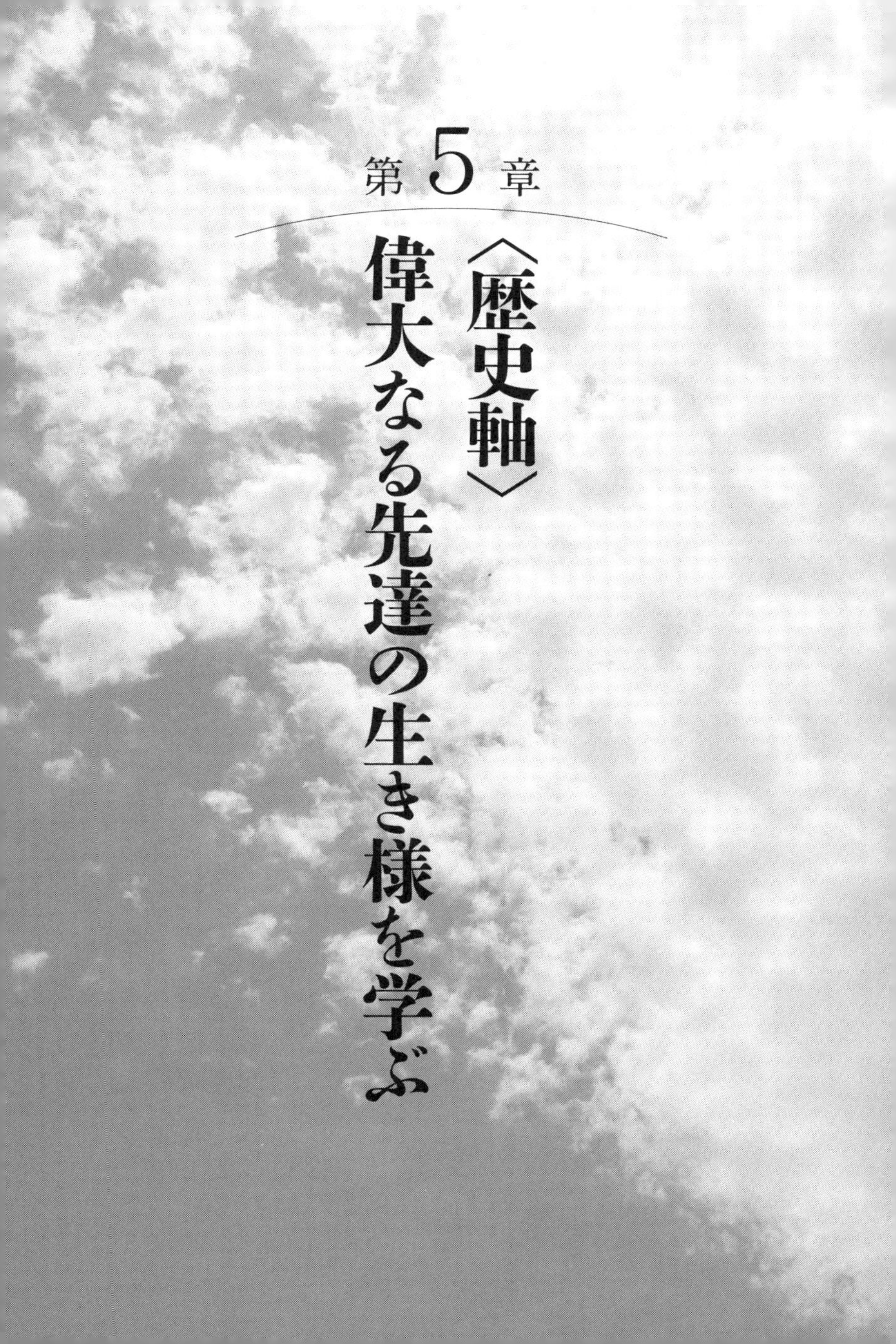

第5章

〈歴史軸〉偉大なる先達の生き様を学ぶ

リーダーの〝在り方〟のヒントは、私たちの足元にある

今から10年近く前、私が人材開発と組織開発の学びをより深めるために研鑽を積んでいた頃のことです。ある講座に参加したとき、海外から教えに来ていた外国人講師が言った言葉が私の心にひっかかりました。

「日本人はタオを知っている。タオを無意識に理解し、タオに生きている。自然とつながり、全体観を持っている。西洋人はそのことを理解するのは苦手である」

という言葉でした。

タオとは何か？

外国人から日本人の強みについて言われたことでしたが、意外な言葉に私は興味をかき立てられました。「タオ」という言葉は学生の頃に歴史の授業で出てきた言葉として知ってはいましたが、その意味まで思い出せませんでした。そこで調べてみると、以下のように説明されていました。

「道（どう・タオ・Tao・みち）とは、中国哲学上の用語の一つ。人や物が通るべきところであり、宇宙自然の普遍的法則や根元的実在、道徳的な規範、美や真実の根元などを広く意味する言葉である。道家や儒家によって説かれた」（Wikipedia）

たしかに日本は海で囲まれ、青い山々がそびえたつ大地のもと、我々は自然の豊かな恵みをいただきながらも、一方で台風や地震などの自然の驚異に対処してきました。また移ろいゆく四季の変化に順応し、宇宙自然を「天《あま》」として敬い、受け入れ、自然と和し、感謝や譲り合い、助け合いなど、独自の文化・規範を育んできた民族です。

私たちが小さいときは、「お米を一粒でも残したらバチが当たるよ」とか、「嘘をついてもお天道様が見ているよ」「物にも命が宿っている」といったことを教わったものです。2000年近く昔から宮中祭祀や新嘗祭《にいなめさい》や月次祭《つきなみのまつり》など、五穀豊穣《ごこくほうじょう》を祈り、感謝するお祭りとして、当時の形のまま今も継承されていることはある意味、世界の奇跡と言えます。

ちなみに海外では、宇宙自然の普遍的法則を「より大きな存在」や「グレート・サムシング」「神」などと表現するとも聞きます。

今、振り返ると、外国人講師が伝えたかったことは、「日本人は天や宇宙の法則を経験的かつ直観的に、今も受け入れ、継承している」という指摘であったと理解しています。

この体験をきっかけに、私は私たちの足元の底流を流れる日本文化や歴史、日本の独自性（日本人のアイデンティティ）に強い関心を持つようになりました。

なぜなら日本人が無意識のうちに当たり前のこととして振る舞っている「日本らしさ」の中に、人を活かしてチーム力を高めるヒントが実は埋もれているのではないかと直観的に思ったからです。ヒントは、意外にも私たちの足元にあることが多いのです。

その思いが続く中で先述した私の恩師を長として、独自に歴史の勉強会を立ち上げることになりました。その学びの中で、「私」や「個人」を超えた生き方をした人たち、それはまさに天とつながって生き、偉業を成し遂げたと思われるような過去の様々な人物と出逢うこととなりました。そして、その学びを通して、私の直観は確信に変わっていきました。

私が歴史勉強会の中で特に力を入れて探求していることは、天命に生き、無私で偉業を成し遂げた日本のリーダーたちの足跡を調べ、そこで得た学びを現代に生きる我々にどう活かすかというテーマです。

この章ではリーダーシップに関して、外国から日本に何を学びに来ているのか、また、日本の歴史的な偉人にリーダーシップを学ぶ視点をいくつか紹介します。

世界最高峰のビジネススクールの学生が日本の中小企業に学ぶ

以前、日本経済新聞の電子版を読んでいたとき、ある記事が目に留まりました。そこには、世界最高峰の経営大学院であるハーバード・ビジネス・スクール（以下、ＨＢＳ）の学生たちが、フィールドワーク型授業で日本企業を訪問したときのことについて書かれていました。

学生たちは、ボストンの教室での授業で自分たちがあらかじめ練った仮説の事業戦略を日本企業の経営者に提案し、ともに議論し合って多くのことを学んで帰るというのです。

彼らは一体どのようなことを学んで帰るのでしょうか。

ＨＢＳの学生たちを受け入れた日本企業というのは、ＩＴを駆使した生産管理で甘いイチゴ作りにこだわる「ＧＲＡ」という農業生産法人や宮城県唯一のワイナリーである「仙台秋保醸造所」など８企業・団体でした。

いずれも、東日本大震災をきっかけに創業した30～40代の若手中心の起業家たちの会社です。学生たちとのやりとりが次のように紹介されていました。

学生「カリフォルニアワインのように、世界的にブランドが浸透することを目指すべきでは？」

ワイナリー企業経営者「このワイナリーの生産規模を一気に大きくすることは考えていない。地域の様々な産業と連携し、地元の雇用を創出していくことが当社のミッションだ」

その後も、学生たちの各グループは行政や取引相手、顧客など幅広い関係者への聞き取りを行いました。そして、実地での情報収集を重ねるうち、事前に考えてきた彼らの仮説の多くが次々に覆されていったというのです。

彼らは、アメリカ型資本主義や市場原理主義、株式市場主義とはまったく異なる日本式の思想や文化、価値観に触れ、体験型のプログラムを通じて学んだことを最終日に一人ずつスピーチしました。

その中の一人、米国出身の男子学生の感想が紹介されていました。

「ＨＢＳの教室では、企業価値の算定や収支計算といったそろばん勘定にとらわれがち。日本で会った起業家たちはいずれも、利潤追求ありきではなく、地域貢献や雇用創出をミッションに捉えていたことが忘れられない」（２０１６年2月2日付『日本経済新聞』）

日本には一時的な成功よりも、「長く続くこと」を大切にする価値観が伝統的にあります。大阪市には世界最古の会社と言われる金剛組もあり、日本は世界でもっとも長寿企業の多い国でもあります。また、長く続くためには「三方良し」といった「売り手良し、買い手良し、世間良し」という近江《おうみ》商人の極意など、顧客や社会への貢献も古くから大切にされてきました。

ハーバードで20年以上オペレーションを教えるある教授は、「戦後、日本が経済成長を遂げたのは、清廉で謙虚なリーダーが正しい価値観で社員を正しく導いたからだ」と言っています。

２００８年、ＨＢＳは１００周年を迎えました。奇しくもこの年は、世界規模の金融危機であるリーマン・ショックが発生した年です。この危機を招いたのは、米国型資本主義を体現する金融エリートたちと言われ、その人材の供給源であるＨＢＳは世界から多くの批判にさらされたとのことです。

ＨＢＳは、富の一極集中やモラルなき金融商品を作り出した人材の供給源となったことを深く反省し、当時の学長は次の１００年を「徳のある謙虚さこそ、ハーバードが学生に教える最も重要なことだ」と方針転換し、「知識（Know）偏重ではなく、実践（Do）と徳（Be）を持った人材を育てる」ことを旗印に掲げ、その新カリキュラムの一環としてこだわったのがフィールドワークという実地体験です。

エリート学生たちに、利潤追求ありきとは違う「使命」「天命」、言い換えると「ミッション」「ビジョン」「バリュー」に生きる企業の〝在り方〟を学んでほしいという思いから、日本はその地に選ばれたのではないでしょうか。

従業員が誇りを持てば、「働き方」も変わる

会社の存在理由や使命を明確にし、従業員の誇りを取り戻して高いモチベーションの職場を作ったリーダーの事例といえば、第3章でも紹介した「ＴＥＳＳＥＩ（テッセイ）」があります。

多くの海外メディアでも「新幹線お掃除劇場」「７分間の奇跡」などと紹介されているので、ご存知の方もいらっしゃるでしょう。

ＪＲ東日本テクノハートＴＥＳＳＥＩの従業員は、新幹線が東京駅に到着すると、次に出発するまでの乗り降りの時間を差し引いた、たった７分間で１両１００席の掃除すべてを１人で受け持ちます。

ゴミ拾いから座席の回転、窓やテーブルの拭き掃除、床掃除、背もたれカバーの交換など、多様な仕事を次々こなすその仕事ぶりはまさに〝神業《かみわざ》〟だと、ＣＮＮやＢＢＣなど世界中のメディアで紹介されました。さらにそのことが「報酬のためではない」点に関心が集まり、海外からの視察が絶えず、ついにはハーバードでケーススタディの教材にもなっています。

３Ｋ（キツイ、汚い、危険）の職場として、決して人気のあった仕事でもなく、どちらかというと以前は離職率が高いトラブルの多い会社でした。

２００５（平成17）年、ＪＲ東日本からやってきた矢部輝夫氏がテッセイの取締役経営企画部長に就任します。当初、ご本人も「あんなところに行くのか……」と思ったと言います。

しかし、矢部さんにとっては鉄道マンとして最後の職場がテッセイでした。そこで、「どうせなら楽しい会社にしよう！」と気持ちを切り替えたといいます。

最初に行ったのが、徹底的に現場を見て回ることでした。すると、「乗客からのクレームが多い」「上下関係が厳しい」「上司がいつもスタッフを怒っている」「人間関係がギスギスとした職場環境」「働く人たちの士気が低い」といった数々の問題が山積していることがわかったと言います。

スタッフたちには「自分たちは、しょせん清掃スタッフ」という思いが強くありました。「清掃会社で働いている娘を親は恥ずかしく思っている」といった話や、子供連れの母親から「親の言うことを聞かないと、あんな人になるのよ」と言われた経験のある従業員もいました。

矢部さんは、「上司から言われた通りに真面目に仕事をしていればそれでいい」という会社の管理体制に疑問を持っていました。そして、JR東日本時代に「安全と密接に関係する人間の心理」を30年追求してきた経験から、「マニュアルでは事故はなくならない。やる気を高める必要がある」との経験があったが故です。

そこで、スタッフたちの存在理由（ミッション・アイデンティティ）を「自分たちは世界最高の技術を誇るＪＲ東日本の新幹線メンテナンスを清掃という面から支える技術者集団だ」と再定義したのだそうです。

じつはミッション・アイデンティティの再定義というのは、どの会社でもよく行われていることです。しかし多くの場合、定義をするところまでは実行しても、それを具体的に職場に落とし込むところまではなかなかできていません。

矢部さんは、テッセイでは言葉で言い続けるだけではなく、自らが現場の一員として積極的に動きました。まさに「言行一致」です。従業員の不満や要望を価値ある助言として真剣に話を聞いて回りました。

「石鹸がない」「エアコンがない」といった、ささいなことまで誠実に耳を傾けて善処し、スタッフたちからの信頼を勝ち得ていったのです。

すると、従業員たちは「自分が提案したことを矢部さんはちゃんとやってくれる」と信頼を寄せ始めます。そして、信頼関係を元にやる気を起こしたことで効率的な作業改善が進み、やがては様々なアイデアが現場から生まれました。

たとえば、乗客の旅をより豊かにするため、季節に応じて浴衣やアロハを着て清掃を行ったり、発車時に清掃スタッフが整列して一礼する様式が生み出されていきました。

ここまでの内容は、佐藤智恵氏が書かれた『ハーバードでいちばん人気の国・日本』（PHP新書）を参考に述べましたが、誇りや誠実さ、そして言行一致などがいかに人のやる気に影響を与えるかという好事例です。

日本的会社組織の元をつくった渋沢栄一に学ぶ

前述したような好事例が日本には多数ある反面、近年では大手や名門、老舗と言われる日本企業にもデータ改ざんや虚偽報告、不正のニュースが多く噴出しています。

戦後の高度経済成長期から安定成長期を経て、日本は１９８０年代後半からバブル期に突入しました。しかし、それは長くは続かず、１９９０年代初頭のバブル崩壊後の経済や株式市場の停滞は「失われた20年」と呼ばれました。

その結果、多くの日本企業が欧米に右に倣《なら》えで能力主義・成果主義を導入し、その報酬として金銭で報いる金銭主義が加速されていったのです。

このような利潤追求が第一になりかねない資本主義システムの危険性をすでに１００年以上も前から見抜き、危惧していた人物がいました。幕末から明治、大正、昭和を生きた実業家の渋沢栄一です。

渋沢栄一といえば、日本の実業界、資本主義の制度を設計した人と言われ、設立に関わった会社は約５００社にものぼります。それ以外にも多くの慈善事業に関わり、後世「日本資本主義の父」「実業界の父」と呼ばれ、ノーベル平和賞の候補にもなっています。

彼は西洋のやり方を無分別に取り入れる危険性を指摘し、企業の目的の一つが利潤の追求にあっても、根底には道徳が必要であり、公共に対して責任を持つべきであると、「道徳経済合一説」を熱心に唱えました。

渋沢は日本型資本主義の礎を築いた、まさに巨人と言える存在ですが、その精神の深さと大きさも並はずれた人物でした。著書『論語と算盤』は現代でも多くの人に読み継がれている名著ですが、この中で渋沢が唱えたものが「士魂商才《しこんしょうさい》」です。

江戸時代、武士が算盤を弾き、金勘定をすることは卑しいことだとされてきました。しかし、新しい時代を生きていくには、侍の忠義、公に尽くす精神を持ちながら、経済で人々の暮らしを豊かにすること＝ビジネスの才の両立が重要だと説きました。それが「士魂商才」です。

その思想の根底にあるのが『論語』でした。渋沢は明治維新以後も日本を支える思想的バックボーンに儒教の教えが大切だと考え、『論語』で人格を磨いていくことを設立に関わった企業をはじめとして日本社会全体に浸透させる努力を怠りませんでした。

渋沢が「士魂商才」の精神を日本の企業人が持つべき大切な思想として会社制度に埋め込んだからこそ、現代になっても前述のような好事例の企業が今もなお日本には数多く存在していると言えるのではないでしょうか。

私も以前は、恥ずかしながら公（他者のため）よりも自利（自分のため）、自分の暮らしの豊かさを第一義においていました。しかし、組織は安定しませんでした。よく考えるとリーダーがそうであれば、部下たちも公より自分のためを第一義にするようになるでしょう。上司の私欲のために貢献しようと思う部下などいるわけがありません。

そうした環境では、チームメンバー全員が自利を優先し、チームは強くなるどころか、何かの拍子にいとも簡単に分裂、バラバラになるのも当然と言えます。

そして「士魂商才」の言葉に出逢ったときに「ビジネス・商売とは、自己満足が最初にあるのではなく、他己満足があって自己満足があるのである」ことに気づきました。テレビでドラマになるような企業の成功物語を見ていると、創業時は借金して会社を興し、なかなか思うようにいかず、幾度となく訪れる苦境に耐え、徹底的に商品やサービスがお客様に喜ばれるように工夫・改良を加えることで大発展し、今に至っている。たしかに一時儲かっていても立ち消えていく会社は利他の追求を途中でやめてしまったりしている。そして、自利が目的の会社に多いのは不祥事である。

そんな気づきと反省から、人生の後半は少しでも自利より公益を優先し、その探求を心がけるようにと考えました。当初はなかなか思い通りに自分をコントロールできずに自利が優先されましたが、そんなときはやはり成果が手に入りませんでした。しかし、お客様の利益やよろこびを意識し、優先する努力を積み重ねていると、徐々に業績も上がっていきました。

今では、成果と結果は自分の誠実さのレベルの高さによって決まると考えています。もちろん、自利は否定されるものではありませんが、その前に公益、他者への貢献を第一に置かないと、やはり最終的には利益につながりません。

つまり、「会社やチームの業績が上がらないのは、お客様や従業員への誠実さが足りないのだ」ということを自戒するということです。たとえば、顧客〝満足〟レベルでなく〝感動〟レベルを実現するとか。そして、組織内部に対してもそうで、同時に「リーダーが至誠を探求して初めて、部下やメンバーもリーダーを信頼、信用してくれるものだ」ということを理解することが大切と思います。

敵や面倒なことは自分を育てる大切な存在と知る

古代中国の儒学者である孟子の言葉に、「敵国外患無き者は国恒《つね》に亡ぶ」というものがあります。敵国や外部からの圧力などがないと国は滅んでしまう、つまり敵や外部との摩擦を避けてばかりいると小さく凝り固まってしまうという意味です。

これを人に当てはめるなら、保身といわれている状態が考えられます。「自分が働いている期間をなんとか平穏無事に過ごせたらそれでいい」という守りの姿勢であり、ここにも自利の本質が見えてきます。

しかし、孟子は敵や難局という存在は自分の成長のためには必要だと言っているのです。あえて難局に挑めと言っているのではありません。「当たって砕け続けろ」の精神で進むことが良いということでもありません。

無私の心で公益に生きるには当然、難題が降りかかってくることもあります。そうしたときは、見て見ぬふりをしてやり過ごすのが一番楽なやり方でしょう。しかし、自分の使命としっかりつながり、逃げずに対峙し続けて、機を見て挑んでいくことも必要であろうということだと私は解釈しています。

常に良いライバルを持つよう心がけると、自分の成長が促されます。時には天敵と思うような価値観の合わない人も組織にはいることでしょう。価値観の合わない人をどう巻き込んでいくか。あるいは巻き込めなくても、どう自分の使命を完遂していくかを考えることは大切です。

価値観の合わない人やライバル、敵は自分を成長させる存在と思うべし。「厳しい上司や部下がいるからこそ自分が鍛えられているのだ」と思うと、すべてが自分にとってプラスの存在になります。

リーダーには「ノブレス・オブリージュ」の精神が必要

孔子は歩くときも必ず道の端を歩いたと言います。渋沢栄一は、箸の上げ下ろしの間の心がけにも十分その意義が含まれていると言っています。

一挙手一投足、リーダーにあらずとも、意外と人に見られているものです。そこまでこだわると息が詰まりそうですが、私は「神は細部に宿る」と言われるように、その人の〝在り方〟は小さな所作に表れると思っています。

まずは、完璧を狙わずにもう少しラクに考えて、でも良いと思ったことはすぐに取り入れる。できることから取り組んでいけばいいのではないでしょうか。それが習慣化すれば、当たり前となります。

私のささやかな取り組み例についてお話しします。スポーツジムに通っていたある日のこと、いつものようにトイレから出ようとすると、そのときなぜか私はスリッパの乱れが気になりました。曲がりなりにも武道をしてきたので、小さい頃から脚下照顧《きゃっかしょうこ》、自分の履物は揃えるように教えられてきました。

もちろん、いつも自分がスリッパを脱ぐときは揃えてからトイレを出ていたのですが、他人の脱いだスリッパの散乱にまではあまり意に介していませんでした。しかし、自分の〝在り方〟を意識するようになってから、他人の脱いだスリッパの散乱を見てふと、「これはいかん」となったのです。

その日以来、私は他人の分まできれいに並べてトイレを出るようになりました。さらには、毎回毎回ジムに行くたびにスリッパを並べるためにトイレに向かいました。

それから半年が経ったある日、トイレに入るとすでにきれいにスリッパが並べられていました。清掃スタッフが並べたのかもしれないとも考えましたが、案の定その後も脱ぎ散らかった状況を見たときは正直がっかりしました。

ところが、その数カ月後、５、６回に１回はトイレのスリッパがきれいに並べてありました。さらにその後３回連続で整然と並べられていることもあり、明らかに変化が起こりました。

もちろん、今後このスリッパの状態がどうなるかはわかりません。しかし、私自身は毎回スリッパを揃えることを修養と思って、そして望むらくは他者が気づいて同じ心がけの人が増えてくれたらと、ささやかな私なりの「リーダーシップ」探究を継続しています。

他にも修養として取り組んでいることがあります。たとえば、エレベーターに乗ったときは、他に乗りそうな人がいないか必ず確認し、向こうから乗るために近づく人がいたら、扉を開けた状態で待つ。

オフィスが入っているビルの共有フロアに落ちているゴミを拾う。ビルの掃除スタッフ、駐車場のスタッフ、飲食店やお店の人にも、できるだけ「ありがとう」と感謝の気持ちや気遣いの言葉をかける（相手が忙しいときは逆効果にならないように注意）ことなどです。

これらのことは、良識・常識のある人なら当たり前のことだと思われるかもしれません。しかし私自身、恥ずかしながら以前はあまり意識していなかったことでした。しかし、気づいたら即実行を心がけています。

ここまで読み進めてくださった読者の方々には、もう私が何を言いたいのかおわかりでしょう。公を優先するということは、いきなり大きなことを考えてもできるわけではなく、目の前の日常のささやかなことから始めればいいのです。

大切なのは、他者からの見返りがなくても続けること。見返りは、自分自身の修養と、もしかしたら他者の笑顔、そして実践し続けていくことで、以前よりも自らの天命・使命と一致して生きられているという「喜び」にあります。

このように、ささやかな取り組みが誰かに伝わったときに、周りの人に影響を及ぼし、もし変化が生まれたならば、それがリーダーシップを発揮した瞬間ということだと思います。

私自身、まだまだ人間が未熟だからこそ、公のための具体的な取り組みは無限にあります。みなさんも意識してみると、間違いなく何かが見つかるはずです。

渋沢栄一も、富の増大と精神の向上をともに進めることが必要だと述べています。どちらか一方だけではだめなのです。

江戸時代は、科学的な教育は一般庶民にはほとんどなかったと聞きます。そのため、渋沢は明治以降、科学的知識の必要性を声をからして叫んできました。その結果、日本はわずか30、40年で西洋に劣らないくらい物質文明が進歩しました。

しかし悲しいかな、富は増しましたが、日本人の武士道精神や道徳が廃《すた》れ、人格は明治維新以前より退歩した、精神の進歩を害したとのことです。

組織の上に立つ者は、どうしても権力やお金に溺れがちになります。しかし、リーダーならば社会の模範となるよう振る舞う義務があるという「ノブレス・オブリージュ」の精神が必要だと言われています。

権力や財産、社会的地位を持った者には社会的責任があるのです。それを果たさず、自利を優先すると、やがて人心が離れていくのは避けられないでしょう。

「人間尊重経営」の精神を貫いた出光佐三にリーダーの〝在り方〟を学べ

ここではもう一人、出光興産創業者の出光佐三《いでみつさぞう》を取り上げたいと思います。近年、映画にもなった小説『海賊と呼ばれた男』の主人公のモデルとして話題になった明治・大正・昭和を生きた大実業家です。

終戦直後、日本の大都市が焦土と化し、仕事どころか物資や食べるものさえ不足していたときに、1000人の社員の首を切らずに人間尊重の旗印のもと一致団結し、力を合わせて数々の苦難を乗り越え、出光興産を大企業に成長させました。その生き様と哲学には学ぶべきことが多くあります。

それにしても、終戦直後に社員1000人の首を切らないと宣言し、実際に実行した人がいたとは驚嘆に値します。リストラをしてもおかしくない非常時に、なぜそのような腹の括り方・決断ができたのでしょうか。そのリーダーの〝在り方〟とは一体どのようなものなのでしょうか。

人は平時のときはいくらでも綺麗ごとを言うことができます。大切なのは有事のときです。緊急時にどのような反応、対応をするのか。それは普段の心の〝在り方〟の積み重ねが表面に出る瞬間でもあります。

佐三は、終戦２日後の８月17日、日本に残っていた従業員に対して、こう宣言します。

一、愚痴《ぐち》を止めよ
二、世界無比《むひ》の三千年の歴史を見直せ
三、そして今から建設にかかれ

一体、佐三は何の根拠があってそのようなことが言えたのでしょうか。のちにこのときのことを、佐三は次のように述懐しています。

戦争に敗れて国民の大多数は茫然自失しているときに、このようなことを言った僕は、世間から馬鹿者扱いされた。僕にこのように言わせたものは、「必ず立ち直れる」という日本人の民族性に対する確固たる信頼であった。（出光佐三著『日本人にかえれ』ダイヤモンド社より抜粋）

終戦直後の瓦礫《がれき》だらけの焼け野原の東京では、石油関連の仕事など当然一切ありません。生きるためにどんな仕事でもやる。ラジオの修理や全国各地に放置されていた旧海軍の石油タンクの底に残る泥水混じりの油をすくう過酷な仕事まで引き受けました。

誰もが尻込みするような重労働ですが、食べるためにはやむを得ず、社員が力を合わせ、どうにかこの難局を乗り切ります。

やがて復興が進む中、佐三は石油元売りの権利を取得します。しかし当時、消費者と生産者のために商売を行うという佐三の考えとは相容れない他の石油会社との間で対立が起こります。

結果、周囲は敵だらけの圧倒的な不利な状況下でもあきらめず、自ら活路を見出し、生き残り、自社を発展させた経緯は様々な書籍に書かれています。

その原動力は、どこにあるのでしょうか。佐三は、すべては「人間尊重経営」を実践してきたからだと述べています。

人間尊重の精神でチームは一致団結する

出光佐三は福岡県宗像《むなかた》市に生まれ、育ちました。両親は一生懸命働き、贅沢を慎み、人に対しては愛情の厚い人でした。

宗像市は世界遺産に登録されている宗像神社のある醇風美俗《じゅんぷうびぞく》で知られる場所で、名校長が多く輩出した地でもあります。

そうした土地と人という財産は「神徳《しんとく》」のおかげだと教わる一方、子供の頃から一部の自由・権利思想の人たちが法律を盾に善人いじめをしていたのを見てきたといいます。

１９０５（明治38）年、神戸高等商業学校（現神戸大学経営学部）に進学し、初代校長の水島銕也《てつや》などから「人間は愛によって育つ」「事業は金儲けではない」といった教えを受けたといいます。

水島銕也は大分県中津の出身で、同地出身の福沢諭吉、前野良沢《りょうたく》とともに同地では三大偉人の一人と言われていた人物です。佐三は水島校長から、人は愛によって育つということを学びます。「士魂商才」の書を佐三に与えたのも水島でした。

また、恩師の内池廉吉《うちいけれんきち》教授からは、「商売は金儲けではない。消費者のため、生産者のためにやるのだ」という考えも教わりました。そのような教えから後々の消費者本位、中間搾取を否定した「大地域小売業」の考えに至ります。

神戸高商卒業後、佐三は小麦粉と機械油を扱う小さな商店に入りました。卒業生の多くは、銀行や商社に入るのが普通でしたが、佐三は扱う金額や商品数は小さくとも、大企業のような分担制の仕事ではなく、全過程すべてを経験できる会社を選んだのです。

のちに独立する際、佐三は日田《ひだ》重太郎という人物から6000円の提供を受けましたが、これは今の金額にして9000万円近い大金でした。

「これはお前にやるんだ。俺は事業なんかに興味はないから返す必要はない。ただ独立自営というその主義を徹底してやり抜け。そして親に孝行して兄弟仲良くせよ。それだけが俺の希望だ」と言われ、「他言無用」というまさに〝陰徳《いんとく》〟を受けた体験をしています。

それだけの資金を提供してもいいと他人に信頼されるとは、20歳そこそこの佐三はすでに「とてつもない何か」を持っていたのでしょう。では、そのとてつもない何かとは一体何なのでしょうか？

すでに拝金主義がはびこる当時の社会風潮の中で、無私の心をもって世の中に貢献したいという佐三の精神には、悠久の長い歴史の中で、日本人が脈々と受け継ぎ培ってきた魂が宿っていたとしか私には思えないのです。

１９１１（明治44）年、佐三は「出光商会」を設立。従業員が仲良く助け合う店を目指します。学校出の人は丁稚《でっち》ではなかなか雇えません。そこで佐三は、素質は良いが家庭の事情で上級の学校に行くことができない人を雇いました。

あるとき、当時の上級学校に進学できない子供を母親が連れてきました。母親は「どうかこの子を頼みます」と言います。そこで佐三は「このお母さんに代わってこの子を育てよう」と思ったといいます。この経験が、社員は一人も辞めさせない、定年はない、という佐三の大家族主義につながっていったようです。

当時は奉公先を辞めたら一生落伍者のレッテルを貼られかねない時代でしたから、佐三は採用した従業員たちを愛情を持って育て、辞めさせなかったと言われています。

後の佐三の人間尊重、人間本位、日本の道徳・伝統・人を中心として一致団結していくという理念は、こうして築かれていったのです。

しかし、佐三はただ優しいわけではありませんでした。一方で鍛錬が大切と説き、努めて自ら難関に向かい、いばらの道に入って自分を鍛え上げることを奨励します。まず自ら先頭をきって難関に向かって突撃し、それから重役、所長、その他の社員も難関に向かって進むという、まさに率先垂範《そっせんすいはん》です。そうした姿勢で事業を推進していったのです。

戦前すでに海外を中心に1000人を超える組織体に成長するに至って、組織を支えてきた佐三の心には、次のような信念上の定款とも言えるものがあったようです。

「我々は石油業をやっているのではない。人間が真に働けば、こういう大きな力を発揮する。そして一人ひとりが強くなり、一致団結して和の力を発揮した時には少人数の人でもこんな大きな力が表れるのだということを現して国家・社会に示唆を与える」

佐三の思い・信念・行動、そして、その〝在り方〟に触れて真っ先に得たインスピレーションは、私が提唱している「全員活躍チーム」の理想の状態は「まさにこの姿だ」というものでした。

対立闘争ではなく、「和」の精神で経営を行う

出光佐三は、次のようにも言っています。

自由競争は進歩の母であるが、相手を滅ぼす対立闘争は否定する。対立闘争と自由競争を区別しなければいけない。自由競争に加えて、「和」の精神が大切で、これらは相反するものではない。自由競争で進歩しながら相手を鞭撻《べんたつ》して互いに進歩発達を図ることが大切である。

つまり、お金や物を奪い合う対立闘争ではなく、心と互譲互助、和の精神で進むことが福祉の根本であるということです。

私なりの解釈はこうです。

社員が自由に競争すれば、何かに抜きんでた人がリーダーになります。そのリーダーはお金や地位、権力を独り占めするのではなく、周りに惜しみなく手を貸し、成長の支援を行い、ともに発展を目指すことが大切であること。リーダーになると、ついその地位を利用して利益誘導をしたり、地位にしがみつき保身に走る人がいますが、そうではなく「和」の精神で互いの発展を目指すことが、もっとも大切だということです。

だからこそ、佐三は家族主義が大切であると言います。家族は本来、愛情と信頼でつながっています。愛で育った人は、純情で人を疑わず、信頼するから一致団結することができるが、一方で、親に大切にされずに育った子は、疑い深く、人をなかなか信頼することができないとのこと。一般的に言えることは、という意味ですが、そのために個人主義になったり、権利至上主義になってしまうのはやむを得ないのかもしれません。

もちろん例外はあるとしても、社員同士は根底の部分で愛情と信頼でつながることが必要であるということです。

佐三のその信念、理念の実現は、じつに徹底しています。従業員管理にタイムカードなどは使わず、「定年はなし、リストラはなし、結果的に労働組合もなし」という経営理念を徹底してきました。

そうして、トップと従業員の信頼関係は強固なものとなり、当時「出光の者は他の３倍働く」とまで言われ、業績は上がり、会社は大きく成長しました。これは簡単には真似のできることではありませんが、まさに佐三の〝在り方〟がなせた業と思います。

私は佐三の人生を見たとき、やはり信念、理念と言動の一致が大切であるということを、あらためて教わりました。

出光佐三は、まさに至誠の極み、士魂商才を体現したビジネスリーダーだったと言えるでしょう。

おわりに

前著『社員が自主的に成長する「全員活躍チーム」の作り方』（幻冬舎）を初めて世に出してからおよそ3年が経ちました。前著はチームに関する理論やチーム作りの手順、またリーダーの〝在り方〟など、管理職やリーダー向けにチーム作りに必要な手法とマインドの両方について本当に必要なエッセンスを簡潔に盛り込んだもので、幸いにも「職場でチームをどのように作っていけばいいのかがわかった」という声を多くいただきました。

しかし、一方で、現場でチームをリードしていく管理職やプロジェクトリーダーは、実際には複雑かつ様々な難局にぶつかることが常です。よって支援させていただいているお客様には度々助言をさせていただいていますが、そうでないリーダーのみなさまにも何とかお役に立てないかと考え、手法や成果ともに大きく影響する「リーダーの在り方」というテーマを中心に本書を執筆することにしました。手法や形を真似して実行しても、機能するとは限らず、手法などを生かすためのマインド・考え方・感情、言い換えると「在り方・生き方」をさらに詳しく扱わざるを得なかったからです。

本書の執筆を行った今年は奇しくも明治150年にあたり、NHK大河ドラマ『西郷《せご》どん』は明治の大英傑であり、日本のトップリーダーだった西郷隆盛の生涯を描いたものでした。その遺訓集である『西郷南洲翁遺訓』には、次のような教えがあります。

「何程制度方法を論ずるとも其の人に非ざれば行はれ難し。人有りて後方法の行はるるものなれば、人は第一の宝にして己れ其の人に成るの心掛け肝要なり」

現代語に訳すと、どれほど制度や方法論を論じても、それにふさわしい人物でなければ上手く行われない。その人があってはじめて方法や制度は上手く機能するのであるから、人は第一の宝で自分がそのような人物になる心がけが大事である、という意味になります。前述の職場の現状と相まって、まさに本書が生まれるきっかけとなった言葉でもあります。

人は思考と感情の両方を持ち合わせています。理屈・理論通りに人は動くわけではなく、感情や価値観としっかり向き合って部下育成やチームをリードする必要があります。

これら〝在り方〟をテーマとして扱うに際し、どのようにみなさんにお伝えすれば良いのか、私にとっては高いハードルでしたが、何とかここまで進めることができ、あとはみなさまのお役に立つことを祈るばかりです。

本書では、できるだけ事例を盛り込むようにしましたが、みなさまの職場ではそれらをヒントにして「知行合一」、自分に合うようアレンジし、実践して修正を繰り返し、自分なりのリーダーの〝在り方〟を探求していただけることを願っています。

本書の出版にあたり、「はじめに」でも触れた恩師・有馬正能先生をはじめ、日頃「綜学」の学びの場でご教授いただいている林英臣先生、また様々な西洋知見を教えていただいた田近秀敏先生、そして、たくさんの議論におつき合いいただき、どのように書くべきかを深めていただいた総合法令出版の田所陽一様、編集協力の廣瀬智一様、そして弊社企画部の實光《じっこう》まみさんに心より感謝申し上げます。

最後になりますが、西郷隆盛が大切にしていた「敬天愛人《けいてんあいじん》」という言葉は、企業や組織、チームに当てはめて言うならば、まさに「ミッション」「ビジョン」「バリュー」を大切に（敬天）、そして（天が人を愛するように）人に誠実さをもって信頼関係を築く（愛人）という、リーダーが探求すべきことを一言で表すものです。この「敬天愛人」を胸に刻み、みなさまが中心となって職場・組織に「全員活躍チーム」を作っていただければ幸いです。

小笠原 健

【著者紹介】

小笠原 健（おがさわら・けん）

株式会社人活工房代表取締役／チーム開発コンサルタント
1965年生まれ。神戸大学教育学部（現・発達科学部）卒業。株式会社リクルートに入社し、企画営業として活躍。その後20代で独立・起業。大手人材育成企業の研修講師を経て、現職。現在は「日本中が利他と価値創造の“全員活躍チーム”であふれている」をビジョンに掲げ、チーム開発・リーダーシップ開発サービスを中心とした独自のプログラムを精力的に展開している。短期の固定プログラムを実施する一般的な研修とは一線を画したオリジナルのプログラムは「従業員の当事者意識が高まった」「職場のベクトルが合い、一枚岩のチームになれた」などとクライアントから高い評価を得ている。
保有資格は、PHP認定チームコーチ・認定ビジネスコーチ（上級）、日本MBTI協会認定ユーザー、米国NLP協会認定NLPマスタープラクティショナー。著書に『社員が自主的に成長する「全員活躍チーム」の作り方』（幻冬舎）がある。

〈株式会社人活工房〉
http://www.jinkatsu.jp/

視覚障害その他の理由で活字のままでこの本を利用出来ない人のために、営利を目的とする場合を除き「録音図書」「点字図書」「拡大図書」等の製作をすることを認めます。その際は著作権者、または、出版社までご連絡ください。

「全員活躍チーム」リーダーの心得

2019年 1 月23日　初版発行

著　者　小笠原健
発行者　野村直克
発行所　総合法令出版株式会社
〒103-0001　東京都中央区日本橋小伝馬町15-18
ユニゾ小伝馬町ビル9階
電話 03-5623-5121（代）

印刷・製本　中央精版印刷株式会社

落丁・乱丁本はお取替えいたします。

ISBN 978-4-86280-650-5
総合法令出版ホームページ　http://www.horei.com/